Wanda Luttrell

Ein Herz voller Kraft

Biblische Frauen mit Profil

SCM Hänssler

SCM

Stiftung Christliche Medien

Bestell-Nr. 394.921
ISBN 978-3-7751-4921-1

Internet: www.scm-haenssler.de
E-Mail: info@scm-haenssler.de
Übersetzung: Friedemann Lux
Umschlaggestaltung: oha werbeagentur gmbh, Grabs, Schweiz; www.oha-werbeagentur.ch
Titelbild: shutterstock.de
Satz: Bittner Dokumedia, Hoisdorf
Druck und Bindung: CPI – Ebner & Spiegel, Ulm
Printed in Germany

Für meine Stiefmutter, Mentorin und Freundin Elizabeth Barnett Moore, die mich wie ihre eigene Tochter geliebt und mir so viel erzählt hat, das »wir nie vergessen werden«.

Und in liebevollem Gedenken an ihren Sohn und meinen Bruder, Darrell Scott Moore, dessen Geschichte Sie in dem Kapitel über Hiobs Frau finden.

Ein herzliches Dankeschön an Mike Nappa, Nappaland Literary Agency, ohne dessen kreative Tipps dieses Buch nie geschrieben worden wäre. Danke, Mike!

Inhalt

Einleitung 5

1. Batseba ~ Thema: *Vergebung* 7
2. Die Mutter des verlorenen Sohnes ~ Thema: *Hoffnung* 26
3. Gomer ~ Thema: *Barmherzigkeit* 43
4. Hanna ~ Thema: *Hingabe und Opferbereitschaft* 60
5. Rebekka ~ Thema: *Geduld* 78
6. Abigajil ~ Thema: *Mut* 95
7. Hiobs Frau ~ Thema: *Vertrauen* 115
8. Die Frau des Gastwirts ~ Thema: *Selbstachtung* 135
9. Lydia ~ Thema: *Gottes Fürsorge* 153
10. Maria ~ Thema: *Gehorsam* 173

Sie, ich und Johannes der Täufer 193
Fragen zum Nachdenken 197

Einleitung

Meine Familie scheint ein Talent für Probleme zu haben; sie folgen ihr wie ein Bienenschwarm dem Nektar. Wenn wir nicht gerade mitten in einem Problem stecken, haben wir eines hinter uns oder schicken uns an, in das nächste hineinzuschlittern.

Vor ein paar Wochen zum Beispiel quittierte die Klimaanlage meines Autos den Dienst, das Fahrerfenster öffnete sich brav, aber weigerte sich, wieder hochzufahren, obwohl es regnete. Meine Tochter hatte mehrere Vorstellungsgespräche und keinen Babysitter und meine Lektorin wollte, dass ich ein Manuskript, das eigentlich übermorgen fertig sein sollte, eben noch einmal stark überarbeiten sollte. Und als ob all das noch nicht reichte, sah ich, als ich hinausging, um die Katzen zu füttern, dass irgendein lieber Mensch uns eine siebte Katze geschenkt hatte, die klein, hungrig und verlassen aussah und die ich sofort sterilisieren lassen musste, wenn wir nicht ein Haus voller Katzenbabys wollten.

Das waren kleine Probleme. Vor ein paar Monaten waren wir wirklich in Not. Während ich an dem Krankenbett meines Bruders wachte, der Krebs im Endstadium hatte, bekam mein Mann in einem anderen US-Staat, mehrere Autostunden entfernt, einen Herzinfarkt. Man musste ihm umgehend einen Arterienstent legen. Eine meiner Töchter fuhr mich zu ihm, während die zweite aus einem anderen US-Staat herbeiflog und die dritte, die gerade im Ausland war, hektisch versuchte, einen Flug nach Hause zu buchen. Während wir weg waren, starb mein Bruder. Wir mussten auf dem Absatz kehrtmachen und zu der Beerdigung fahren, während mein Mann noch im Krankenhaus blieb (sobald er zu Hause war, würde er einen zweiten Stent bekommen) und mein Sohn sich die rechte Hand brach, exakt einen Tag, bevor er seine neue Stelle antreten sollte.

Vielleicht finden Sie sich wieder in diesen Notsituationen und in denen der Frauen in diesem Buch – der biblischen Frauen, wie auch ihren modernen Gegenstücken aus unserer Zeit. Ich habe ihre Geschichten für dieses Buch ausgewählt, weil sie uns, jede auf ihre eigene Art, zeigen, wie Gott sich um Frauen in Not kümmert – die Frauen in diesem Buch, aber auch um Sie und mich.

Bei den biblischen Geschichten habe ich mir die Freiheit der schriftstellerischen Ausschmückung und des Lesens zwischen den Zeilen genommen. Bei den Beispielen aus unserer Zeit habe ich, um die Privatsphäre der betroffenen Personen zu schützen, die Namen und einige Details verändert. Dennoch basieren alle Geschichten auf tatsächlichen Ereignissen.

Beim Schreiben dieser Geschichten von Frauen, die nicht ein noch aus wussten, habe ich etwas gelernt: Eine verzweifelte Frau, die anfängt, sich auf Gottes Kraft und Weisheit zu verlassen und nicht auf ihre eigene, muss nicht verzweifelt bleiben. Da erfährt eine Witwe, wie Gott ihr aus ihrer materiellen und inneren Not wunderbar heraushilft. Die verzweifelte Mutter eines rebellischen Sohnes findet Hoffnung. Eine schwangere Teenagerin bekommt die Kraft, das zu tun, was vor Gott richtig ist. Eine graue Maus bekommt eine Selbstachtung, von der sie niemals zu träumen gewagt hatte. Eine Sünderin findet Gnade.

Es ist mein Gebet, dass Sie beim Lesen dieser außergewöhnlichen Geschichten ganz gewöhnlicher Frauen erkennen, dass Sie in jeder Lebenslage zu Gott rufen können; er wird Sie hören.

1

Batseba

Thema: Vergebung

Lesen Sie in der Bibel: 2. Samuel 11–12

Sie schnappte sich ein kleines Tuch, das auf dem Küchentisch lag, und rannte zur Hintertür hinaus. Ihr Magen fing wieder an, sich umzudrehen.

Soviel zum Thema Frühstück, dachte sie, während sie sich den Mund abwischte. *Was ist nur los mit mir?* Die Tränen rollten ihr über die Wangen. Aber sie wusste natürlich, was los war. Zwei Monate war es jetzt her, dass sie ihre letzte Blutung gehabt hatte. Was sie seit ihrer Hochzeit ersehnt hatte, war eingetreten.

Ich bekomme ein Kind, dachte sie verzweifelt, *und mein Mann ist nicht mit mir zusammen gewesen, seit er mit der Armee von König David in den Krieg gegen die Ammoniter gezogen ist.* Als er ging, hatten die Blumen im Garten noch nicht einmal Knospen gehabt, und jetzt waren sie verblüht, die Blütenblätter waren verschrumpelte braune Fetzen in der gnadenlosen Sonne.

Wie sehr hatten sie sich ein Kind gewünscht, aber aus irgendeinem Grund hatte Gott ihnen die Freuden der Elternschaft versagt. Und jetzt – brachten ihr diese Zeichen, die ihr unter anderen Umständen unendliche Freude geschenkt hätten, nur Schmerz und Verzweiflung.

»Was soll ich nur machen?«, flüsterte sie. »Ich bin schwanger und der König ist der Vater.« Es war die einzig mögliche Erklärung, kein anderer Mann kam infrage. Sie war Uria nie zuvor untreu gewesen; so etwas wäre ihr nicht in den Sinn gekommen. Sie hatte sie ernst genommen, die Gebote aus der Torah, die sie im Gottesdienst gehört hatte. Eines von ihnen lautete klar und deutlich: »Du sollst nicht die Ehe brechen.«

Aber was hätte ich denn machen sollen, Adonai?, grübelte sie. *Dem König muss man doch gehorchen, ich hatte keine Wahl. Oder doch?*

Ihre Gedanken wanderten zurück zu der lauen Frühlingsnacht mit dem schweren Duft der Weinblüten und dem Ruf der Turteltaube aus den Palastgärten. Die Sterne an dem samtschwarzen Himmel waren so nahe gewesen, als ob sie nur die Arme auszustrecken brauchte, um sie anzufassen, als sie auf dem Dach ihres Hauses in ihrem Licht badete. Die Augen, die sie beobachteten, hatte sie nicht bemerkt.

Als König David sie beim Baden sah, hatte ihr Körper ihn so erregt wie noch kein Frauenkörper in seinem Leben. Hatte er ihr jedenfalls gesagt. Batseba spürte noch einen Rest des schwülen Stolzes, den diese Worte ihr in dieser Nacht gebracht hatten. Trotz der vielen Ehefrauen und Konkubinen, die er schon hatte und deren einzige Aufgabe es war, ihn zu erfreuen, hatte der schöne, stattliche König *sie* gewollt.

Sie hatte nicht vorgehabt, ihren lieben Uria zu betrügen. Seit dem Tag, wo er sie als seine Braut in das gemütliche kleine Haus am Rande des Palastareals gebracht hatte, war er ein guter, sanfter Ehemann gewesen.

Nicht ein Mal hatte sie die Ähren, die die Erntearbeiter liegen gelassen hatten, auflesen müssen, wie ihre ältere Schwester, um ihre vielen Kinder zu ernähren. Nie hatte sie die Schande der blauen Flecken im Gesicht erlebt, die ihre jüngere Schwester so oft bekam, wenn die Dämonen des Alkohols wieder einmal ihren Grobian von Ehemann ritten und er sie schlug.

Uria liebte sie mehr als sein eigenes Leben. Er war ein treuer, ehrenhafter Ehemann, dessen war sie sich so sicher, wie sie sicher war, dass sie ihn mit einem anderen betrogen hatte. Mit dem König. Die Scham schoss ihr ins Gesicht. Sie tauchte ihre Finger in das Becken des Wasserbrunnens und spritzte das lauwarme Wasser auf ihr Gesicht und ihren Hals, während sie gegen die nächste Welle der Übelkeit ankämpfte, die wie der heiße Sommerwind über sie kam.

Der Wasserspiegel des Beckens zeigte ihr ihr blasses Gesicht. Sie starrte die dunklen Ringe an, die um ihre sonst so hellen Augen lagen. Aus einer zufriedenen, attraktiven jungen Frau war ein Gespenst geworden, und all das nur wegen der einen Nacht, die sie im Palast verbracht hatte.

»Aber er ist der König!«, sagte sie laut. »Wie hätte ich den König abweisen können – den Herrscher Israels?«

Die Erinnerung an diese eine, unglaubliche Nacht erfüllte ihr Gedächtnis, und die nächste Schamröte überrollte sie. Wenn sie ihn gebeten hätte, sie nicht zu zwingen, ihr Ehegelübde mit einem seiner treuesten Krieger zu brechen, hätte er auf sie gehört? Er war so glühend gewesen, so überzeugt von seinem Recht, sich das zu nehmen, was er wünschte.

Aber wenn sie ganz ehrlich war – hatte die Leidenschaft des Königs nicht auch ihre eigenen Gefühle entflammt, die halb verhungert waren seit dem Tag vor so vielen Wochen, als ihr Mann mit der Armee nach Rabba gegangen war? Hatte sie kein Verlangen gespürt nach diesem so männlichen König, der in dieser Nacht sie, und nur sie, gewollt hatte?

Sie fächelte mit dem Saum ihres Kleides über ihr heißes Gesicht. Nein, sie konnte nicht wirklich behaupten, dass er sie vergewaltigt hatte. Ihrer Seele hatte er vielleicht Zwang angetan, aber ihr Körper war willig gewesen und hatte sie verraten.

Und jetzt bin ich schwanger, und das Kind ist vom König Israels, für den Uria jeden Tag sein Leben einsetzt. O, haShem, *was habe ich getan?* Welche mildernden Umstände ihr auch einfielen, sie wusste: Sie hatte einen der tapfersten und besten Männer in Israel betrogen.

Uria war von Geburt ein Hetiter, aber seine Loyalität zu König

David war so groß wie die jedes echten Israeliten. Er machte der Uniform, die er so stolz trug, wahrlich Ehre.

Sie hatte sich sofort zu ihm hingezogen gefühlt an jenem Tag, als er vor ihr auf dem Markt gestanden und sie gefragt hatte, was der Ziegenkäse kostete. Er war vielleicht kein schöner Mann, aber er hatte den muskulösen Körperbau eines geübten Soldaten, und sein Gang hatte die Würde der Weisheit eines Menschen, der schon ein Jahrzehnt länger gelebt hatte, als sie mit ihren paar Jahren.

Aber was sie am meisten beeindruckt hatte, war die Güte seiner grauen Augen gewesen, als er, ohne zu handeln, ihr den Preis gezahlt hatte, den sie nannte. Es war gerade so, als ob er ahnte, dass sie diesen Käselaib verkaufen musste, um ihren Vater versöhnlich zu stimmen, wenn sie nach diesem heißstaubigen Tag auf dem so unberechenbaren Markt nach Hause kam.

Nein, sie war nicht in Uria »verliebt« gewesen, als ihr Vater ihr hocherfreut verkündete, zu welch günstigen Bedingungen er dem Soldaten die Hand seiner mittleren Tochter gegeben hatte. Sie hatte die Nachricht nicht mit Begeisterung aufgenommen, aber doch mit einer gewissen Zufriedenheit und Dankbarkeit. Irgendwie hatte sie es gespürt: Dieser Mann würde ihr ein guter, umsichtiger Ehemann werden. Solche Kandidaten für die Hand einer mittleren Tochter mit schmaler Mitgift waren rar.

Im Laufe der Jahre hatten Urias Freundlichkeit und edles Wesen nach und nach ihr Herz erobert. Er war ein seltener Diamant von einem Mann, der sie von ganzem Herzen liebte und ihr jeden Wunsch von den Augen ablas, manchmal schon, bevor sie sich des Wunsches bewusst war.

»Und jetzt muss ich ihn vernichten«, stöhnte sie. »Oh, *Adonai*, zeige mir, was ich tun soll, bitte!«

Als sie zurück ins Haus ging, begann ein Gedanke in ihrem Hinterkopf zu wachsen. Er wuchs so rasch wie das unglückliche Kind in ihrem Leib. Sie würde zum König gehen und ihm die Neuigkeit sagen. Vielleicht hatte er eine Idee, vielleicht konnte er etwas tun, um dieses furchtbare Problem zu lösen.

Batseba rührte mit dem Vogelfederfächer, den Uria ihr von einem seiner Feldzüge mitgebracht hatte, in der stickig warmen Nachtluft. Auch an diesem Abend, wie am vergangenen schon, hatte sie gebadet (nicht mehr auf dem Flachdach des Hauses, sondern in ihrer Badestube) und sich mit einem dezenten Blumenparfüm parfümiert. Die leichte Schwellung ihres Bauches fiel fast nicht auf, dachte sie dankbar, während sie in ihr bestes Gewand schlüpfte und ihr dunkles Haar in dicken Wellen über ihre Schultern legte. Wenn Uria nur heute Abend zu ihr käme, wie der König ihr versprochen hatte ...

Der König hatte ihr gesagt, dass sie sich nicht zu sorgen brauchte; er selbst würde alles in die Hand nehmen. Dann, gestern Morgen, hatte er ihr ausrichten lassen, dass er Uria von Rabba zurückbeordert hatte, damit er ihm Bericht über den Fortgang der Belagerung erstatten konnte, und dass er folglich am Abend zu ihr kommen würde, um mit ihr zu schlafen. Batseba hoffte, dass ihr nichts ahnender Mann die Zeit zwischen der Geburt des Kindes und seinem Heimatbesuch später nicht nachrechnen würde. Sie wollte ihn nicht hinters Licht führen, aber vielleicht würde er sich so darüber freuen, endlich Vater zu werden, dass er ...

Aber Uria war am vergangenen Abend nicht gekommen. Von den Dienern hatte sie gehört, dass er die Nacht am Eingang des Palastes bei den Dienern des Königs verbracht hatte. Es hieß, dass er sich geweigert hatte, das Bett seiner Frau aufzusuchen, wenn seine Kameraden vor Rabba auf dem offenen Feld übernachten mussten.

Am Morgen hatte der König ihr ausrichten lassen, dass sie nur Geduld haben sollte; heute Abend würde ihr Mann ganz bestimmt zu ihr kommen, vom guten Wein der königlichen Tafel berauscht und genau in der richtigen Stimmung für eine Liebesnacht.

Tief drinnen wusste Batseba, dass Uria auch diesmal nicht kommen würde. Egal, wie betrunken der König ihn machen würde, dieser ehrenhafte Mann würde die Gelegenheit, mit seiner Frau zu schlafen, während seine Kameraden irgendwo auf dem nackten Boden nächtigten, nicht nutzen.

Die Sterne wurden blasser, man sah nur noch die bleiche Mondsichel. Bald würde die Sonne aufgehen, und die Chance, ihre Sünde doch noch zu verstecken, würde zusammen mit dem Morgentau verdunsten.

»O, du Heiliger Israels, was soll ich nur machen?«, stöhnte sie. »Ich bin schuldig, aber Uria ist unschuldig. Ehrenhaft. Edel. Muss ich das grausame Bekenntnis meines Ehebruchs wie ein Ammoniterschwert in sein Herz stoßen?« Und doch wusste sie: Sie musste ihm ihre Sünde bekennen und die Konsequenzen auf sich nehmen.

Was wird Uria machen? Wird er mir einen Scheidebrief geben, so wie das nach dem Gesetz sein gutes Recht ist, weil ich mich unrein gemacht habe? Wird er mich und das ungeborene Kind zurück zu meinem Vater schicken? Sie wusste: Ihr Vater würde sie nicht willkommen heißen. Wahrscheinlich würde er ihr die Tür vor der Nase zuknallen.

Sie sah ihn vor sich, den furchtbaren Schmerz, der wie ein Schatten über Urias Augen wandern und sich in ihren weichen grauen Tiefen festsetzen würde, während sie ihm ihre Schuld gestand. Aber so sehr sie es versuchte, sie konnte sich nicht vorstellen, dass er sie wirklich fortschicken würde. Wahrscheinlich würde er sie, wenn der erste ungläubige Schock vorbei war, in seine Arme nehmen, auf die Stirne küssen und ihr sagen, dass es ja nicht ihre Schuld war.

Sie wusste: Wenn das Kind kam, würde Uria es wie sein eigenes willkommen heißen, es als ein Wunder *Jahwes* annehmen, das die Leere ihrer Unfruchtbarkeit füllte.

Der König hatte ihr ins Ohr geflüstert, dass es ihm leidtat, dass sie schon verheiratet war, sodass er sie nicht zur Frau nehmen konnte. Aber wie sehr sie sich auch mit ihrem Körper zu ihm hingezogen fühlte, sie hatte keine Lust, das nächste Exemplar im Harem des Königs zu werden, wie eine neue Stute im Stall.

Nein, sie wollte hier bei Uria bleiben, in diesem hübschen kleinen Haus, und die stille Zufriedenheit genießen, die sie bei ihm gehabt hatte, bevor der König sie zu sich befahl.

»O, Heiliger Israels«, stöhnte sie leise, »werde ich je wieder solch eine Zufriedenheit erleben?« Wenn sie nur zurückgehen könnte zu dem Tag, bevor der Bote des Königs bei ihr angeklopft hatte. Wenn sie nur diese eine Nacht des Ehebruchs aus ihrem Leben streichen und ihre alte Unschuld wiederhaben könnte ...

Justine

Es ist jetzt schon über zwanzig Jahre her, aber das Herz wird mir immer noch schwer, wenn ich an das junge Mädchen denke, das ich hier Justine nennen möchte. Justines Eltern waren gutbürgerliche Leute, die ihre Kinder zum Kindergottesdienst schickten und ihnen alles zu geben versuchten, was eine normale Familie aus der unteren Mittelklasse bieten konnte. Justine war die Jüngste – ein hübsches, quirliges Mädchen, das das Leben vor sich hatte.

Kurz nach ihrem 16. Geburtstag ließen Justines Eltern sie an der Tür der Sporthalle ihrer Schule aussteigen und gaben ihr Geld, um sich eine Karte für das Basketballspiel und etwas zu essen zu kaufen. Sie versprachen ihr, sie nach dem Spiel wieder abzuholen, und fuhren selbst zu einem Restaurant in der Nähe.

Während des Abendessens spürte Justines Mutter plötzlich etwas wie eine schwarze Wolke über sich. Sie hatte den Eindruck, dass Justine etwas passiert war. War sie vielleicht plötzlich krank geworden? Sie versuchte, ihre Unruhe für sich zu behalten, bis ihr Mann fertig gegessen hatte, aber der Druck wurde immer stärker; sie *musste* nach ihrer Tochter sehen!

Sie brachen das Abendessen ab und brausten zurück zur Schule. Als sie auf den Parkplatz fuhren, sahen sie, wie Justine zwischen den Autos umherirrte. Sie riefen sie und das Mädchen kam zu ihrem Wagen gestolpert und begann hemmungslos zu weinen. Auf dem

Nachhauseweg berichtete ihnen Justine schluchzend, was passiert war.

Vor ein paar Wochen hatte sie angefangen, Experimente mit alkoholischen Getränken zu machen, die Freundinnen ihr heimlich aus dem Spirituosenvorrat ihrer Eltern besorgt hatten. Sie mochte das Gefühl der Freiheit und Enthemmung, das solch ein Rausch ihr gab, und kam sich richtig erwachsen vor.

An diesem Abend hatte sie sich während des Spiels zusammen mit ein paar Freunden in das Auto eines 21-Jährigen gesetzt. Die Gruppe war weggefahren, und Justine hatte von dem Geld, das ihre Eltern ihr für Hotdogs und Limonade gegeben hatten, eine Flasche Whisky spendiert. Justine hatte dem Whisky eifrig zugesprochen. Der 21-Jährige hatte die Clique zurück zur Schule gefahren und Justines Freunde abgesetzt. Justine ließ er nicht hinaus, und sie war mittlerweile zu betrunken, um sich zu wehren. Er war mit ihr in ein Waldstück gefahren, wo er das hilflose, zeitweise bewusstlose Mädchen vergewaltigt hatte.

Nach einer Nacht der Vorwürfe und bitteren Reuetränen fiel die Familie völlig erschöpft ins Bett. Mit Justine zum Arzt fahren wollte man erst am Morgen.

Der Morgen kam. Als die Mutter hastig das Frühstück bereitete, saß Justine am Küchentisch und blätterte in ein paar Kinderbüchern, die sie auf dem Weg in die Küche aus irgendeinem Regal gezogen hatte.

»Stromer ist ein schöner hellbrauner Kater. Wollt ihr wissen, warum er Stromer heißt?«, las sie vor.

Sie las die ganze Geschichte und diverse andere ihrer alten Lieblingsgeschichten. An den Stellen, wo sie immer zusammen gelacht hatten, hielt sie an und lachte tonlos. »Hoppe-hoppe, Reiter, wenn er fällt, dann schreit er. Fällt er in den Graben, fressen ihn die Raben ...«

Mein Herz krampft sich heute noch zusammen für dieses wunderbare Kind, das wir gekannt hatten und das jetzt verzweifelt versuchte, seine verlorene Kindheit zurückzuholen.

Wie hatte Batseba sich gewünscht, ihre Ehebruchnacht mit dem König ungeschehen machen zu können. Wie hatte Eva sich, als sie draußen vor dem Garten Eden stand, gewünscht, nie der Schlange begegnet zu sein. Hier saß Justine am Küchentisch, las in ihren alten Kinderbüchern und sehnte sich nach ihrer Unschuld zurück, die sie gestern noch gehabt hatte und die jetzt für immer weg war.

Batseba verstehen

Um Batsebas Rolle in der Geschichte richtig einschätzen zu können, muss man wissen, wie die Situation der Frau in Batsebas Zeit und Kultur war. Ein Mädchen wuchs damals im Hause seines Vaters auf, bis es alt genug war, um mit dem Mann, den sein Vater ausgesucht hatte, verheiratet zu werden. Mit der Heirat wechselte die junge Frau in das Haus ihres Ehemannes, dem sie bis zu seinem Tod gehörte.

Selbst die »tüchtige Frau« aus Sprüche 31, die als Geschäftsfrau erfolgreich ist, steht dabei unter der Autorität und Zustimmung ihres Ehemannes. In Vers 11-12 heißt es: »Ihr Mann kann ihr vertrauen, und sie wird sein Leben bereichern. Ihr ganzes Leben lang unterstützt sie ihn und fügt ihm nichts Böses zu.« Kein Wunder, dass er sie in höchsten Tönen lobt, wenn er unter den übrigen Edlen des Landes im Stadttor sitzt!

Die Frau, die unverheiratet blieb, konnte im besten Fall darauf hoffen, dass sie nach dem Tod ihres Vaters von dem (männlichen) Erben aufgenommen und versorgt wurde. Dass Töchter ein Erbteil bekamen (wie die Töchter, die Hiob bekam, als sein Elend sich gewendet hatte, vgl. Hiob 42,13-15), war etwas so Ungewöhnliches, dass es in der Bibel besonders erwähnt wird.

Batseba lebte in einer Männergesellschaft. Kein Wunder, dass sie glaubte, keine andere Wahl zu haben, als David zu Willen zu sein. Er war ja nicht nur ein Mann (also einer vom herrschenden Geschlecht), sondern noch dazu der König. Wer weiß, was er mit ihr gemacht hätte, wenn sie sich geweigert hätte, zu ihm in den Palast zu kommen – oder mit ihm ins Bett zu gehen?

Was wäre, wenn ...?

Wir könnten das *Was-wäre-wenn*-Spiel hier endlos weiterspinnen. *Was wäre, wenn* Batseba den Zorn des Königs riskiert hätte und einfach nicht gekommen wäre? *Was wäre, wenn* sie in den Palast gekommen wäre, aber David dazu gebracht hätte, diese Sünde gegen ihr Ehegelübde und gegen einen seiner treuesten Soldaten nicht zu begehen? *Was wäre, wenn* David ihr befohlen hätte, das Kind abtreiben zu lassen? (Bereits in der Antike hatten Hebammen ihre Methoden.)

Was wäre, wenn Uria Davids Drängen nachgegeben und mit seiner Frau geschlafen hätte und später, wissentlich oder unwissentlich, das Kind als sein eigenes erzogen hätte? Wäre Batseba dort in dem kleinen Haus vor den Palastmauern mit ihrem Mann und Sohn in Frieden alt geworden?

Was wäre, wenn Justine nicht mit den anderen mitgefahren, sondern bei dem Basketballspiel geblieben wäre und ihr Geld für Hotdogs und Limonade ausgegeben hätte? Hätte sie sich dann bei der nächsten Gelegenheit, die Erwachsene zu spielen, klüger verhalten?

Was wäre, wenn Eva im Morgengrauen der Menschheitsgeschichte der Schlange »Nein, danke« gesagt hätte? Würden wir dann alle noch in Eden leben?

Wir werden die Antworten auf diese Fragen nie wissen. Die entsprechenden Personen hatten ihre Entscheidung getroffen, und diese Entscheidung war der Beginn einer unaufhaltsamen Reise zu einem unausweichlichen Ziel.

»Das hab ich nicht gewollt ...«

»Fällt er in den Graben, fressen ihn die Raben ...« Es hat keinen Sinn, darüber zu spekulieren, warum der Reiter in den Graben gefallen ist. Gewollt hat er es bestimmt nicht. Den Graben selbst angelegt hat er auch nicht. Dass gerade die Raben in der Nähe sind, hat er auch nicht gewollt. Aber nun ist es geschehen, und das Unglück nimmt seinen Lauf.

Keine unserer drei unglücklichen jungen Frauen hatte vor, sich von Gott zu trennen. Auch ich nicht, und Sie wahrscheinlich auch nicht. Wir hatten andere Gründe für die Entscheidungen, die uns in die Sünde führten. Die Umstände, unsere Gefühle, unsere Hormone, unsere Wünsche haben uns verraten.

Eva wollte wie Gott sein. Batseba fand, dass sie keine andere Wahl hatte, als dem König zu gehorchen. Justine dachte, dass sie mit der Erwachsenenwelt und einer Flasche Whisky schon fertig würde. Und dann – hatten sie alle drei die Brücke überschritten, und die Brücke war in Flammen aufgegangen und sie konnten nicht mehr zurück. Der Weg zurück in die Unschuld war für immer versperrt.

Eva brachte unter Schmerzen Kinder zur Welt und half ihrem Mann, dem widerspenstigen Ackerboden seine Frucht abzuringen. Batseba verbrachte den Rest ihres Lebens in Davids Harem, in dem Wissen, dass ein lieber Mann hatte sterben müssen, damit sie dieses Vorrecht bekam. Justine kämpfte jahrelang mit den Dämonen der Bitterkeit und der Selbstverachtung, wohl wissend, dass die Vergewaltigung zwar die Tat eines anderen war, aber dass sie sie mit ihrem eigenen Leichtsinn möglich gemacht hatte.

Gottes Vergebung finden

Vielleicht sind wir alle Christen. Wir haben die Brücke zurück zur Gemeinschaft mit Gott, die er selbst gebaut hat, benutzt. Wir haben erkannt und zugegeben, dass wir Sünder sind, die Erlösung brauchen, und haben den stellvertretenden Tod des Sohnes Gottes als das Mittel zu dieser Erlösung in Anspruch genommen. Wir haben Jesus gebeten, in unser Leben hineinzukommen und der Herr zu werden von allem, was wir sind und haben.

Aber dann – sind wir wieder gestrauchelt. Nachdem wir Glieder von Gottes Familie geworden waren. Was jetzt? In Jeremia 15,19 heißt es: »*Kehr um zu mir*, dann nehme ich dich wieder in meinen Dienst« (HFA). Und 1. Johannes 1,9 verspricht uns: »Doch *wenn wir ihm unsere Sünden bekennen*, ist er treu und gerecht, dass er uns vergibt und uns von allem Bösen reinigt.«

Es hat eine Weile gedauert, bis ich lernte, dass diese Verheißungen sich nicht von alleine erfüllen. Wie bei allen Verheißungen Gottes, so auch hier: Bevor ich das Verheißene bekomme, muss ich gewisse Vorbedingungen dafür erfüllen. Was in diesem Fall bedeutet, dass ich meine Sünde ehrlich bereuen, sie vor Gott bekennen und sie lassen muss. Dann vergibt Gott mir. Die Formel lautet: *Reue + Bekenntnis = Gottes Vergebung.*

Uns selbst vergeben

Ich habe keine Probleme damit, Menschen, die ihre Vergehen ehrlich bereuen, zu vergeben. Sie wahrscheinlich auch nicht. Wir umarmen die junge Mutter, deren Kind unehelich geboren ist, und schenken ihr Babykleider. Wir verzeihen dem Dieb – vielleicht sogar dem Mörder, der von seiner Mutter nie Liebe erfuhr. Wir teilen unsere Kirchenbank mit der ehemaligen Prostituierten und laden sie in den Frauenkreis ein.

Aber gerade so, wie wir oft erwarten, dass unsere Kinder sich besser benehmen als die der Nachbarn, erwarten wir von uns selbst mehr als von unseren Mitmenschen. »Ich hätte _______ sein müssen.« (Tragen Sie selbst das ein, was auf Sie zutrifft, z. B.: ehrlicher, konsequenter, beherrschter, vorsichtiger.) – »Ich habe meine(n)

_______ im Stich gelassen« (z. B.: Ehemann, Familie, Freunde, Gemeinde). Wir dulden es nicht, wenn wir so versagen. Wir hätten es doch besser machen können. Und so schaffen wir es manchmal fast nicht, uns selbst zu vergeben.

Kommt Ihnen das bekannt vor?

Eine meiner größten Sünden war eine Unterlassungssünde. Ich hatte vorgehabt, meine Großmutter zu uns zu holen, in das Häuschen, das wir auf dem Grundstück, das sie uns geschenkt hatte, erbaut hatten. Aber wir hatten nicht viel Platz, in jedem Schlafzimmer waren schon zwei Personen. Ich hätte gerne einen Anbau für Großmutter errichtet, aber woher das Geld nehmen und nicht stehlen?

Wie würden unsere Kinder es verkraften, auf engstem Raum mit einer alten Frau zusammenzuleben, die immer seniler wurde? In den drei Jahren seit dem Tod meines Großvaters war Großmutter zunehmend unwirsch und verwirrt geworden. Sie stärkte sogar einer unserer Teenagertöchter den Rücken, als sie einen völlig unmöglichen Freund hatte; offensichtlich verwechselte sie unsere Bedenken gegen diesen zwielichtigen jungen Mann mit den Bedenken, die ihre eigene Mutter gegen meinen Großvater gehabt hatte, der älter als Großmutter war und aus einfachen Verhältnissen kam.

Dann kam er, der furchtbare Tag, als der Pulloverärmel meiner Großmutter Feuer fing, als sie über die heiße Herdplatte griff, um ihren Kaffee zu holen. Sie hatte noch die Geistesgegenwart, sich ihre brennenden Kleider abzureißen und aus dem Fenster zu werfen, aber es war schon zu spät.

Ich hörte ihre Schreie, als die Schwestern und Ärzte versuchten, ihre Brandwunden zu versorgen, und schaute hilflos zu, wie ihr Leben langsam erlosch. Meine guten Vorsätze, für sie da zu sein, so wie sie immer für mich da gewesen war, waren buchstäblich in Rauch aufgegangen. Nie mehr würde ich Großmutter zeigen können, wie dankbar ich für alles war, was sie für mich getan hatte.

Ich hatte ganz gewiss nicht vorgehabt, meine Großmutter verbrennen zu lassen, aber ich konnte es mir nicht vergeben, dass ich sie so lange allein in ihrer Wohnung hatte bleiben lassen. Was immer meine Gründe und Motive gewesen waren – ich hatte mich einer Unterlassungssünde schuldig gemacht, die furchtbare, unwiderrufliche Folgen gehabt hatte.

Meine bitteren Selbstvorwürfe setzten mich in das gleiche Boot wie Eva, Batseba und Justine. Wie König David, als Nathan ihn mit seiner Sünde konfrontierte (2. Samuel 12,13), wusste ich, dass ich schuldig, schuldig, schuldig war. Verzweifelt suchte ich Gottes Vergebung.

»Ich glaube ja, dass Gott mir vergeben hat«, rief ich schließlich aus, »aber ich kann mir selbst nicht vergeben!«

Und ich fuhr fort, mit mir selbst zu hadern. Bis der Heilige Geist mir klarmachte, dass ich mitnichten so demütig war, wie ich mir einbildete. Ich war nicht demütig, sondern stolz, denn was sagte ich denn die ganze Zeit? »Mag sein, dass Gott mir vergeben hat, aber *ich* kann mir *nicht* vergeben, weil meine Messlatte höher ist als seine.«

Der alte Schuld-Trip

Manchmal versuchen wir, mit unserer Schuld dadurch fertig zu werden, dass wir sie verdrängen. *Gott, das war doch gar nicht ich. Das war die Schlange, die du erschaffen hast. Sie hat mich dazu gebracht, die Frucht zu essen.*

Oder wir flüchten uns in mildernde Umstände. *Gott, das war doch der König, was sollte ich da machen?*

Eine andere Strategie besteht darin, unsere Schuld in Alkohol zu ertränken oder unter Pillen zu begraben. *Solange ich benebelt bin, erinnere ich mich nicht daran, was ich da gemacht habe.*

Oder wir versuchen, uns abzulenken. *Wenn ich genügend Musik, Fernsehen, Leute, Lärm und Termine um mich habe, habe ich keine Zeit, an die Sache zu denken.*

So pervers es klingt, aber manchmal pflegen wir unser schlechtes Gewissen sogar regelrecht. Es fühlt sich angenehm an, so als ob wir eine Anzahlung für unsere Sünde geleistet haben. *Wenn ich mich nur schuldig genug fühle, werde ich diese Sünde nicht mehr begehen.*

Tatsache ist: Unser Gewissen ist eine Warnleuchte, die uns signalisiert, dass wir etwas in Ordnung bringen müssen. Nicht mehr und nicht weniger. Unser Gewissen kann uns nicht ändern. Egal, wie schuldig wir uns fühlen, wir sind immer noch dieselben Menschen, die die Fehleinschätzungen und Fehlentscheidungen getroffen haben, die uns in unsere Lage gebracht haben. Mehr noch: Sehr wahrscheinlich werden wir denselben Fehler irgendwann wieder machen – und wieder. Allein die Gnade Gottes kann uns verändern. Wenn wir Gottes Gnade richtig verstehen, werden wir uns nicht mehr ewig und drei Tage schuldig fühlen, sondern nur noch dankbar.

»Also gibt es jetzt für die, die zu Christus Jesus gehören, keine Verurteilung mehr«, heißt es in Römer 8,1-2, »denn die Macht des Geistes, der Leben gibt, hat dich durch Christus Jesus von der Macht der Sünde befreit, die zum Tod führt.«

Gott vergibt uns augenblicklich, bereitwillig und gratis, und wenn es sein muss, immer wieder. Wie Nehemia erklärt: »Du bist ein Gott, der vergibt, gnädig und barmherzig, langsam zum Zorn und voll beständiger Liebe« (Nehemia 9,17). Mit anderen Worten: Wenn Sie Ihre Sünde bekannt und Gott um Vergebung gebeten haben, können Sie sicher sein, dass Gott nicht mehr böse auf Sie ist.

Stimmt das? Sind Sie da ganz sicher?

Absolut! Das Blut von Jesus bedeckt meine und Ihre Sünden.

> *Sie sind im Meer versenkt, dort, wo es am tiefsten ist.* (»Er wird sich wieder über uns erbarmen, alle unsere Sünden

zertreten und alle unsere Verfehlungen ins tiefe Meer werfen!«
[Micha 7,19])

Sie sind meilenweit weg von uns. (»So fern der Osten vom Westen ist, hat er unsere Verfehlungen von uns entfernt.«
[Psalm 103,12])

Gott hat ein kurzes Gedächtnis. (»Und ich werde ihr Unrecht vergeben und nie wieder an ihre Sünden denken.«
[Hebräer 8,12])

Ja, Sie haben gesündigt. Ich auch. Ja, wir haben Dinge getan, die Gott nicht gefallen. **Aber** – wir haben diese Dinge bereut, wir haben sie vor Gott bekannt, und **er hat uns vergeben**.

Zurück zu Batseba

Der Messias, das Lamm Gottes, das die Sünde der Welt wegnimmt (Johannes 1,29), war zu der Zeit, als Batseba lebte, noch nicht erschienen. Aber jedes Jahr, am Großen Versöhnungstag (*Jom Kippur*), brachte der Priester ein Opfer für die Sünden der Israeliten dar, gleichsam als Provisorium bis zu dem Tag, wenn der Messias kommen und das endgültige Opfer bringen würde (3. Mose 16).

Ahnte Batseba, dass der Preis für ihre Sünde vom Messias gezahlt werden würde? Wusste sie, dass sie Gottes Vergebung bekommen konnte? Samuel berichtet uns im Weiteren nicht viel mehr über sie als die Tatsache, dass sie die Mutter Salomos wurde (2. Samuel 12,24-25). Wir können nur hoffen, dass ihre Geschichte ungefähr so weiterging ...

Sie schaute durch das Fenster ihres Wohngemachs hinaus in den Garten. Ging da hinten nicht Nathan, der Prophet? Er war ihr ein väterlicher Freund geworden, seit sie in den Palast gezogen war, fast so wie ein *Saba*, ein Großvater. Sie hoffte, dass er vielleicht ein Wort des Trostes für sie hatte.

Batseba wusste, dass sie wieder schwanger war. Sie erkannte die Zeichen. Wieder war das Kind von König David, aber inzwischen war er ihr Ehemann. Er hatte sie in ihrem Schmerz über den Tod ihres Erstgeborenen getröstet, und dieses neue Leben war das Ergebnis ihres Zusammenseins.

Sie hatte Angst, zuzugeben, wie sehr sie sich dieses Kind gewünscht hatte. Und Angst, dass auch dieses Kind sterben würde. Ihr Erstgeborener war die Frucht der ehebrecherischen Stunde gewesen, in der sie ihren liebevollen Ehemann, Uria, betrogen hatte. Sie und David hatten für diese Sünde mit dem Tod des Kindes bezahlt, nachdem es geboren war und sie es lieb gewonnen hatten. Sie wusste, dass sie beide diese Strafe verdient hatten.

Sie spürte, wie der nagende Zweifel sich wieder in ihrem Herzen meldete. Stimmte es, was die Leute sich zuraunten? War David verantwortlich für Urias Tod vor Rabba? Hatte er angeordnet, Uria dort einzusetzen, wo der Kampf am heftigsten tobte, und ihn dann im Stich zu lassen, sodass die Bogenschützen der Ammoniter leichtes Spiel mit ihm hatten?

Batseba unterdrückte ein Schluchzen. Uria war so gut zu ihr gewesen, und ein so tapferer und loyaler Soldat des Königs. War es möglich, dass David einen solchen Mann bewusst in den Tod geschickt hatte, damit seine Sünde nicht ans Licht kam und er anschließend seine Witwe zur Frau nehmen konnte? Nein, sie konnten nicht stimmen, die Gerüchte. Wenn sie wahr gewesen wären, hätte sie es nicht ertragen, dass David sie noch einmal berührte.

Sie wünschte sich, Nathan, den Propheten, fragen zu können. Er wusste bestimmt die Wahrheit. Wenn David selbst sie ihm nicht gesagt hatte, dann bestimmt *haShem*. Aber nein, vielleicht fragte sie ihn besser doch nicht. Vielleicht wollte sie die Wahrheit doch nicht wissen.

Da war Nathan, hinter dem Seerosenteich, im Schatten der Wacholderbäume. Batseba raffte ihr Gewand und rannte aus dem Palast in den Garten.

»*Erev tov,* Batseba, *yekarah*«, grüßte Nathan sie.

Liebe Batseba, nannte er sie. Ihr wurde warm ums Herz. »Ihr werdet doch meinen Sohn unterweisen, *Moreh,* nicht wahr?«, stieß sie hervor.

Er lächelte. »Und was, wenn ihr eine Tochter unter dem Herzen tragt, Herrin?«

Batseba überraschte es nicht, dass er schon wusste, dass sie wieder schwanger war. »Ich ... ich bin ziemlich sicher, dass es ein Sohn wird, *Saba.* Und ich möchte, dass er umgeben von eurer Weisheit aufwächst ... *wenn* er aufwächst.« Eine Träne stahl sich ihre Wange hinunter.

»Ah, meine Liebe, ihr dürft keine Angst haben«, murmelte Nathan. Er zog sie an sich, wie ein Großvater sein weinendes Enkelkind an sich zieht. »Ihr habt die Sünde bekannt und bereut, und sie ist vergeben. *Jahwe* zürnt euch nicht mehr. Dieses Kind wird leben, Herrin, und ja, es ist ein männliches Kind, ein Sohn, der die Lücke füllen wird, das das Kleine, das euch genommen wurde, hinterlassen hat.«

Sie machte einen Schritt zurück, um dem Alten in die Augen zu schauen. Durfte sie wirklich hoffen? Aber selbst David hatte Buße getan. Vielleicht würde *Adonai* diesen Kleinen am Leben lassen. Es war furchtbar gewesen, mit anzusehen, wie das erste Kind gestorben war.

Nathan schüttelte ihre Schultern leicht. »Hört mir zu. Dieses Kind wird leben, und es ist nur das Erste von vier Kindern. Und einer eurer Söhne wird der Nächste auf dem Thron Israels sein.«

Batseba keuchte ungläubig auf. »Aber ... aber wird das nicht Absalom sein? Oder wenn nicht er, dann Adonija? Sie sind doch aus der ersten Linie, weit vor jedem Kind, das ich bekommen könnte, und andere sind auch noch da.«

»Der Heilige Israels hat es mir offenbart, Batseba.« Nathan wischte die Träne mit seinem trockenen, rauen Finger von ihrer

Wange. »Dein Kind wird König werden, und er wird der weiseste König sein, den Israel je erlebt hat oder noch erleben wird.«

Batseba schüttelte staunend ihren Kopf. Dass der alte Prophet falsch gelegen hatte, hatte sie noch nie erlebt. Wenn er sagte, dass *haShem* (»Der Name«) ihm dies offenbart hatte, dann würde es auch geschehen.

»Wenn er als euer Schüler aufwächst, *Saba*, wird er weise sein. Ich möchte, dass niemand anderes meine Söhne lehrt«, wiederholte sie mit fester Stimme.

Der Alte lächelte und verneigte sich leicht. »Wie es dem König gefällt«, sagte er. »Ich werde ihnen alles beibringen, was ich weiß, Batseba *yekarah*.«

Sie umarmte ihn, ihr Herz voller Freude. *Jahwe* war nicht zornig auf sie. Ihr Kind würde leben.

~

Wir können nur hoffen, dass Batseba das wusste, was wir wissen: *Reue + Bekenntnis = Gottes Vergebung*. Und so endet diese Geschichte. Oder vielleicht ist sie erst der Anfang ...

2

Die Mutter des verlorenen Sohnes

Thema: Hoffnung

Lesen Sie in der Bibel: Lukas 15,11-32

Tikva knetete den Teig ein letztes Mal durch, dann formte sie ihn zu einem runden Laib und deckte ihn mit einem Tuch ab. Sie legte den Laib neben den Herd, um ihn gehen zu lassen, und rief der Magd zu: »Agar, in ein paar Minuten kannst du das Lamm wenden. Ich hol eben ein paar Blumen für den Tisch, ich bin zurück, bevor das Brot in den Backofen muss.«

Mit einem leichten Gewissensstich wegen der halben Lüge nahm sie ein dünnes Tuch von dem Haken neben der Hintertür, warf es sich über den Kopf, als Schutz vor der brennenden Sonne, und ging hinaus in den Garten. *Ich suche auch ein paar Blumen. Wenn es welche gibt, die diese furchtbare Hitze überlebt haben.* Aber der Blumenschmuck für das *Arukhot erev,* die Abendmahlzeit, war nicht der eigentliche Grund dafür, dass sie den Weg zu der Straße hinunterging.

Seit ihr Jüngster gierig den Geldbeutel aus der Hand seines Vaters entgegengenommen und fröhlich pfeifend seiner Wege gegangen war, war ihr Mann jeden Abend auf die Anhöhe am Rande ihrer Ländereien gestiegen und hatte angestrengt in die Ferne geschaut, wo die Straße sich am Horizont verlor.

Wenn er das Abendessen nicht länger aufschieben konnte, war er zurück ins Haus gekommen, den Kopf gesenkt, der Schritt der eines doppelt so alten Mannes.

Sie beschattete ihre Augen mit ihrer Hand. Da stand er, leicht vornübergebeugt, als wollte er so die Entfernung zwischen ihm und seinem missratenen Sohn verringern.

Obwohl Tikva selbst nur selten die Steinwände ihres Hauses verließ, um zu dem Aussichtspunkt zu gehen und in die Ferne zu schauen, wo irgendwo ihr Sohn war, suchten die Augen ihres Herzens ihn den ganzen Tag lang. Jeden Tag. Und in den langen Nächten, wenn sie sich unruhig auf ihrem Lager wälzte.

Wie sehnte sie sich danach, ihm wieder die dichten schwarzen Locken aus dem Gesicht zu streichen, wie damals bei dem kleinen Jungen. Ihm zuzuhören, wie er ihr mit lachenden Augen erzählte, was er an diesem Tag gemacht hatte. Ihn wieder an sich zu drücken, wenn er nachts in einem Albtraum aufschrie oder über eine Stichelei seines älteren Bruders in Tränen ausbrach.

Seit vielen Monaten hatten sie nichts mehr von ihm gehört, bis auf die Klatschgerüchte, die die Dienstmädchen sich zuraunten. Er gab sein Geld mit beiden Händen aus, hieß es, spendierte neuen, zwielichtigen Freunden ein Fest nach dem anderen.

Vor Kurzem hatte Benjamin ihr berichtet, dass Sauls Geld endgültig alle war und dass er für einen reichen Bauern irgendwo beim Tigris die Schweine hüten musste. Sie hatte keine Ahnung, wo ihr Ältester diese Information herhatte; sie konnte nur hoffen, dass sie übertrieben war. Sorgen, nichts als Sorgen. Ob Saul etwas zu essen bekam? Und ein warmes Bad und saubere Kleider? Es war eine Arbeit, die kein Jude, der etwas auf sich hielt, annahm.

Sie hoffte, dass die Sache mit den Schweinen erfunden war, ein Produkt von Benjamins bitterer Genugtuung darüber, dass sein rebellischer Bruder jetzt endlich bekam, was er verdient hatte.

Aber dass in dem Land, in das Saul gegangen war, eine große Hungersnot ausgebrochen war, stimmte wohl. Ihr Mann hatte berichtet, dass die Händler, die im Stadttor ihre Waren feilboten, kaum noch ein anderes Gesprächsthema hatten als die gnadenlose

Hitze, die in den Nachbarländern Ernten verbrannte und Brunnen und Flüsse austrocknen ließ. »Wenn es nicht bald regnet«, hatte er gesagt, »wird es unserem Land genauso gehen.«

»Gott wird den Regen schon zur rechten Zeit schicken, Aaron«, hatte sie geantwortet. »Er erhört unsere Gebete immer zur rechten Zeit.«

Worauf Aaron gelächelt hatte, aber es war nur die Hälfte von dem Lächeln gewesen, das früher über sein großmütiges Gesicht gegangen war. Seit Saul sie verlassen hatte, hatte Aaron kein einziges Mal mehr richtig gelächelt.

»Du hast recht, Tikva«, hatte er gesagt. »Der Gott Israels erhört die Gebete seines Volkes. Was sind schon die Götter der fremden Länder?« Er hatte verächtlich auf den Boden gespuckt. »Es sind wertlose Götzen, die Menschen mit ihren Händen gemacht haben und die sie überall hintragen müssen. Sie haben keine Macht, irgendetwas zu tun. Nein, wir müssen auf *Jahwe* vertrauen.«

Tikva hatte gewusst, dass ihr Mann dabei wieder an ihren Sohn in der Fremde dachte. Sie durften sie nicht verlieren, ihre Hoffnung, dass *Jahwe* ihn wieder nach Hause bringen würde.

Manchmal fragte sie sich, ob sie sie vielleicht zu wenig befolgt hatten, die Weisung der Schriften, dass der, der seine Rute schonte, seinen Sohn hasste. Sie wusste: Aaron hatte sein Bestes getan, beide Söhne in der Zucht und Ermahnung des Herrn aufzuziehen. Sie hatte ihm nach Kräften dabei geholfen.

Benjamin hatte selten mehr als ein paar strenge Worte gebraucht; er schien nur zu leben, um seinem Vater zu gefallen. Aber Saul war anders gewesen, schon als kleiner Junge. Es war so leicht gewesen, den kleinen Schelm zu lieben, und so schwer, ihn zu bestrafen.

»O, *haShem*«, betete sie, »wir haben es versucht. Vergib uns, wenn wir ihn nicht oft genug oder streng genug bestraft haben. Vergib uns und ihm, und bitte beschütze du ihn.«

Ihr Lieblingspsalm floss wie ein heilender Balsam in ihre Seele. »Die Nacht ist noch voll Weinen, doch mit dem Morgen kommt die Freude.« Irgendwie wusste sie: Eines Tages wäre sie vorbei, ihre lange Nacht des Weinens, und ihr Kind würde wieder nach Hause kommen. Sie hoffte auf *haShem* und ließ diese Hoffnung nicht los.

Doch heute spürte sie nicht nur Hoffnung, als sie betete, sondern noch etwas anderes. Irgendwie spürte sie, dass ihr Jüngster in einer großen Not war, aber dass sie ihm nicht helfen konnte, weil sie nicht wusste, wo er war. Hungerte er? War er krank? Oder war er ... *Adonai*, bewahre! Der Gedanke wollte ihr die Kehle abschnüren.

O, haShem, *Name aller Namen, bitte lass ihn nicht in seinen Sünden sterben! Was auch aus ihm geworden ist, wie weit er auch in die Irre gegangen ist, bitte bring ihn zurück nach Hause! Ich werde ihm zu essen geben, ich werde ihn gesund pflegen. Und zu dir zurückbringen. Bitte lass ihn am Leben. Und bring ihn nach Hause!*

Sie schluckte heftig und wischte sich mit dem Saum des Tuches die heißen Tränen ab, die aus ihren Augen quollen.

»Na, *Ima,* hältst du jetzt auch nach deinem ungeratenen Sohn Ausschau, wie *Abba*?«

»Benjamin, was hast du mich erschreckt!« Sie fuhr sich hastig mit den Fingern über ihr Gesicht. »Ich dachte, ich pflücke uns ein paar Blumen für den Esstisch, aber die Sonne scheint sie alle geholt zu haben.«

»*Ima,* du flunkerst doch sonst auch nicht.« Benjamins Stimme war tief und ernst. »Ich weiß doch, dass *Abba* jeden Tag dort in der untergehenden Sonne steht, weil er hofft, dass Saul auf der Straße auftaucht. Wann gebt ihr es endlich auf und begreift, dass euer Jüngster ein undankbarer Taugenichts ist?«

»Benjamin! Er ist dein Bruder!«

»So einer ist nicht mein Bruder! Wie oft hab ich versucht, dich und *Abba* zu warnen, dass es nichts Gutes bringt, wenn ihr ihn verwöhnt, aber ihr konntet ihm nie etwas abschlagen! Und jetzt ...«

»Benjamin, warum musst du so bitter sein? Er ist dein Bruder und er ist verloren. Für uns und für Gott. Natürlich möchte dein Vater, dass er zurückkommt! Und ich auch!« Sie wollte ihm seine breite Schulter tätscheln; er zuckte rasch zur Seite.

Sie seufzte. »Du bist ein guter Sohn, Benjamin. Du bist fleißig und sparsam. Du bist ein weiser und ehrlicher Verwalter unserer Ländereien und Knechte und Mägde. Du gehst treu in die Synagoge, niemand liest die Torahrolle besser als du.«

»Du bist meine Mutter«, versetzte Benjamin trocken. »Aber mal ganz im Ernst: Bist du nicht ein kleines bisschen parteiisch?«

»Benjamin, ich hoffe, du weißt, wie sehr wir dich schätzen, dein Vater und ich, und wie hoch wir von dir denken.«

Er brummte irgendetwas. »Du vielleicht schon, *Ima*. Aber *Abba* denkt an fast nichts anderes als seinen kleinen Jungen und ob er rechtzeitig zum Abendessen nach Hause kommt.« Er warf die Worte spöttisch über seine Schulter, während er sich umdrehte und den Ställen zustrebte.

O, mein Sohn, mein Sohn. Tikva machte sich um den Seelenzustand ihres Ältesten nicht weniger Sorgen als um das Schicksal ihres Jüngsten. Benjamin war immer nüchtern und vernünftig gewesen, aber seit Saul gegangen war und er die ganze Arbeit machen musste, war er irgendwie verbittert geworden.

Nicht, dass sein jüngerer Bruder ihm eine große Hilfe gewesen war, als er noch da war. Mehr als einmal hatte Benjamin darüber geklagt, dass Saul den Acker nur so lange umgrub, bis er genügend Köderwürmer hatte, mit denen er am Fluss angeln konnte. Oder dass er den Hund die Kühe jagen ließ, sodass ihre Milch sauer wurde und die Kälber brüllten. Oder dass er den Hühnern die Köpfe unter die Flügel steckte, sie im Kreis herumwirbelte und sich köstlich amüsierte, wenn sie anschließend wie betrunken über den Boden torkelten.

Ja, manchmal hatten sie ihre Last gehabt mit Saul. Der Vernünftige war immer Benjamin gewesen, obwohl Tikva sich manchmal gewünscht hatte, dass er vielleicht ein wenig mehr wie Saul sein und sich seines Lebens freuen könnte. Er war immer so ernst, dachte ständig nur an die Arbeit und den Hof und wie die Familie ihren Reichtum vermehren konnte.

Aaron war genauso gewesen, als er in Benjamins Alter gewesen war, also fast dreißig. Auch er hatte hart gearbeitet, war verlässlich, ehrlich, hingegeben und zielstrebig gewesen. Aber – *haShem* sei gepriesen – später war er weicher geworden. Er war zufrieden gewesen mit ihrem Haus und ihren Ländereien. Und mit den beiden Kindern, mit denen *Adonai* sie gesegnet hatte.

Sie seufzte. Seit Saul sie verlassen hatte, war ihr Mann nicht wiederzuerkennen. In den paar Monaten war er ein alter Mann geworden, die Augen trübe von dem ständigen Blinseln in die untergehende Sonne, seine Lebensfreude versengt vom Kummer, wie das Gras am Rand der Straße von der unbarmherzigen Sonnenglut versengt war. Und sie hatte den Verdacht, dass Aaron vor lauter Trauer um seinen Jüngsten fast kein Auge mehr für die Qualitäten seines Ältesten hatte.

Manchmal hatte er sie den letzten Nerv gekostet, der quirlige, immer lachende Saul. Aber er war doch ihr Junge, zur Welt gekommen, als sie schon gedacht hatte, dass sie kein weiteres Kind mehr bekommen würde. Sie liebte ihn von ganzem Herzen, wie sie auch Benjamin liebte. Das Herz tat ihr weh für beide.

O, haShem, *hilf meinem Ältesten, dass er liebevoller wird. Und bitte, bring meinen Jüngsten zurück nach Hause.*

Joanne

Meine Freundin, die ich hier Joanne nennen möchte, wurde mitten in der Nacht vom Klingeln des Telefons geweckt.

Sie nahm ab. »Ja, hallo?« Sie wusste, dass es nur schlechte Nachrichten sein konnten. Über Camille. *O, Gott,* betete sie still. Weiter kam sie nicht.

»Mrs Ross?«, fragte eine vage bekannte Stimme.

»Ja.« *Komm schon, sag's – nein, sag's lieber nicht …*

»Hier Dr. Aman vom St.-Lukas-Spital. Wir haben Ihre Tochter wieder auf der Intensivstation.«

»Ist sie …? Ist sie …?« Joanne schluckte den Kloß, der ihre Stimmbänder blockierte, räusperte sich und begann noch einmal. »Wie schlimm ist es?«, brachte sie schließlich hervor.

»Sie hatte wieder eine Überdosis genommen, Mrs Ross.«

»Ist sie ...? Wird sie ...?« Joanne hörte, wie die Angst ihre Stimme lauter machte.

»Es war diesmal ziemlich knapp, aber ich ... ich glaube, sie schafft's«, sagte der Arzt.

Joannes Herz blieb stehen, dann rumpelte es wieder los. Sie hatte das Zögern in Dr. Amans Stimme sehr wohl bemerkt. Ganz sicher war er sich also nicht.

»Kann ich mit ihr reden?«, presste sie hervor.

»Das ist zur Zeit leider nicht möglich«, antwortete Dr. Aman. »Sie wird gerade künstlich beatmet. Am besten versuchen Sie's morgen noch mal.«

Künstlich beatmet? Um Himmels willen. »Ich komme, Herr Doktor, ich fahre sofort los.« Sie fing an, sich innerlich auf die Vier-Stunden-Fahrt mit dem Auto vorzubereiten. »Ich komme«, wiederholte sie und legte auf.

Ein Schluchzer kroch ihre Kehle hinauf. Sie schluckte ihn hinunter. *Reiß dich zusammen.* Sie holte eine Reisetasche hervor und begann, sie mit dem Nötigsten zu packen. *Ich muss zu Camille. Ich muss sie in die Arme nehmen, ihr sagen, dass alles gut wird.*

Aber würde es je gut werden mit Camille? Joanne hoffte inständig, dass das neue Entzugsprogramm klappen würde, dass ihre Gebete endlich erhört und ihre Tochter aus den Klauen der Sucht freikommen würde. Selbst in den Stunden, wo Camille Gott verflucht und ihn bestürmt hatte, sie in Ruhe zu lassen, sie endlich sterben zu lassen, war sie gewiss gewesen, dass Gott ihre Tochter nicht fallen lassen würde. Hatte er ihr dies nicht versprochen?

Jetzt fragte sie sich plötzlich, ob dieser Trost nur ein Produkt ihrer Verzweiflung gewesen war. Hatte sie sich das mit Gottes Zusage vielleicht nur eingebildet? War es in Wirklichkeit zu spät für Camille?

»Wer eine Hand an den Pflug legt und dann zurückschaut, ist nicht geeignet für das Reich Gottes«, hatte der Pastor in seiner Predigt am vergangenen Sonntag aus Lukas 9,62 zitiert.

Joanne wusste: Camille hatte einst ihre Hand an den Pflug

gelegt. Sie hatte mit Begeisterung in der Gemeinde mitgemacht, sie hatte Jesus alles zugetraut, vom Heilen eines blutenden Knies bis zur Auferweckung ihrer so gut wie toten Katze. Was hatte dieses Mädchen so weit von Gott fortgetrieben, sie an den Punkt gebracht, wo sie womöglich nie mehr »geeignet für das Reich Gottes« wäre?

O, Gott! Joanne nahm ihre Handtasche, die Reisetasche und die Autoschlüssel und eilte aus dem Haus.

Sie setzte sich hinter das Steuer ihres kleinen blauen Nissan, setzte auf die Straße zurück und fuhr zur Autobahn, Richtung Norden. Sie drückte das Gaspedal gerade so weit nach unten, dass sie innerhalb der Grauzone von 10 km/h über der erlaubten Höchstgeschwindigkeit blieb.

Während sie fuhr, spielte ihr Gehirn ihr Szenen aus den Jahren vor, wo sie Camille aufgezogen hatte. Sie sah die Kleine wieder vor sich, das Jüngste mit den Koboldaugen, das auf Zehenspitzen durch das Leben gerannt war, als ob es nicht erwarten konnte, die Welt zu erforschen. War es das, was sie zu den Drogen geführt hatte – dieser Drang, alles und jedes, was ihr in den Weg kam, auszuprobieren?

Die Tränen schossen Joanne in die Augen, als sie an die wunderbaren Jahre zurückdachte, als sie Camille zu Hause gehabt hatte, bevor sie dann als Letzte von den Geschwistern auf die Schule ging. War es erst gestern gewesen, dass sie durch das Haus hüpfte, in irgendein Spiel vertieft, das nur sie kannte?

Ihr Lieblingsmärchen war *Hänsel und Gretel* gewesen. »Mama, darf ich nach draußen und ein paar Kieselsteine für den Weg holen, damit Hänsel und ich wieder zurück nach Hause kommen? Brotkrumen gehen ja nicht, die essen die Vögel.«

Irgendwo muss es doch noch da sein, dieses liebe Kind, vergraben unter dem Schutt der Sünde und Rebellion. Es musste doch möglich sein, dass dieses hübsche kleine Mädchen den Weg zurück nach Hause fand, wenn es den Wahrheiten über Gott folgte, die ihre Eltern und andere Menschen ihm damals wie so viele Kieselsteine auf den Weg gelegt hatten.

Sie versuchte, sich die Tränen, die ihr die Sicht trübten, abzuwischen. Sie gab es auf und ließ sie fließen. *Camille ist verloren! Wenn sie jetzt stirbt ...*

»O, Gott«, stöhnte sie. »Im Namen Jesu ...« Mehr schaffte sie nicht als die paar Worte, wieder und wieder, während sie durch die Nacht fuhr und verzweifelt hoffte, dass sie ihr liebes Kind lebendig vorfinden würde, wenn sie endlich ankam.

Hänsel und Gretel

In dem Märchen, das die kleine Camille so liebte, sind Hänsel und Gretel die Kinder eines armen Holzfällers. Als eine Hungersnot über das Land kommt, überredet ihre böse Stiefmutter ihren Mann, die Kinder im Wald auszusetzen und dort ihrem Schicksal zu überlassen.

Hänsel, der das Gespräch mitgehört hat, geht in der Nacht, als die Eltern schlafen, hinaus und füllt seine Hosentaschen mit dem weißen Kies vor dem Haus. Die Eltern führen die Kinder tatsächlich in den Wald, wo er am dichtesten ist, und lassen sie unter einem Vorwand allein. Doch Hänsel hat auf dem Hinweg eine Spur aus den weißen Kieseln gelegt. Als der Mond aufgeht, leuchten die Steine und weisen den Kindern den Weg zurück nach Hause.

In der nächsten Nacht verschließt die böse Stiefmutter die Tür, sodass Hänsel keine neuen Kiesel holen kann. Als die Eltern sie erneut in den Wald führen, hat er nur Brotkrumen, um den Weg zu markieren. Als die Kinder am Abend den Brotkrumen nach Hause folgen wollen, entdecken sie, dass die Vögel sie gefressen haben. Sie verlaufen sich gründlich und kommen zu dem Haus einer bösen Hexe, die sie fressen möchte. Sie wissen, wie die Geschichte ausging.

Was ist die Moral von der Geschichte von Hänsel und Gretel? Vielleicht, dass wir unseren Kindern solide Wegmarkierungen aus dem Wort Gottes mitgeben müssen. Wenn sie dann vom Weg abkommen und sich in der Gottlosigkeit der Welt verlaufen, können sie wieder heim zum Vaterhaus finden, indem sie den Kieselsteinen dieser ewigen Wahrheiten folgen. Es ist das, was Salomo uns empfiehlt, wenn er in Sprüche 22,6 schreibt: »Lehre dein Kind, den richtigen Weg zu wählen, und wenn es älter ist, wird es auf diesem Weg bleiben.« Dies bedeutet nicht, dass das Kind nie auf Abwege kommen wird, aber wenn es dies tut, wird es irgendwann wieder zurück auf den rechten Weg finden.

Tikva verstehen

Im Hebräischen bedeutet *Tikva* »Hoffnung«. Deswegen habe ich dieses Wort für den Namen der Mutter des verlorenen Sohnes gewählt. Das Wort wird mit langem »i« ausgesprochen, wie »Tiekva«. Entsprechend wird *Ima,* das hebräische Wort für »Mutter« oder »Mama«, »Ihma« ausgesprochen.

In Lukas 15 erfahren wir nur etwas über den Vater des verlorenen Sohnes, und nichts über seine Mutter. Vielleicht war die Mutter gestorben, bevor der Sohn in die Fremde zog. Oder sie starb danach, aus Kummer. Vielleicht war sie schon bei der Geburt gestorben, was die kleine Zahl von Kindern (nur zwei Söhne) in einer Zeit, in der große Familien die Norm waren, erklären würde.

Aber irgendwann hatte der verlorene Sohn auch eine Mutter gehabt, und wenn sie noch lebte, als er in der Fremde war, wird auch sie sich furchtbare Sorgen um ihn gemacht haben.

Eine weise Mutter hat einmal gesagt, dass ein Kind zu haben so ähnlich ist, als ob das eigene Herz den Körper verlassen hat und jetzt draußen herumläuft. Es ist egal, wie alt das Kind ist oder wie viele Geschwister es hat – das Herz der Mutter ist bei ihm, wo es auch geht und steht, ihr ganzes Leben lang.

Aber Tikvas Herz wird auch für ihren älteren Sohn geblutet haben, wusste sie doch, dass sein nachtragendes Herz nicht nach dem Willen Gottes sein konnte. Wie es in Psalm 133,1 heißt: »Wie schön und wie wunderbar ist es, wenn Brüder einträchtig zusammenleben!«

Jesus wird noch deutlicher, wenn er in Markus 11,25 sagt: »Doch wenn ihr betet, dann vergebt zuerst allen, gegen die ihr einen Groll hegt, damit euer Vater im Himmel euch eure Sünden auch vergeben kann.« In Vers 26 heißt es nach einer späteren Überlieferung weiter: »Wenn ihr aber nicht vergebt, so wird euer Vater, der im Himmel ist, eure Übertretungen auch nicht vergeben« (LUT).

»Ich hab dir's doch gesagt!«

Als wir die diversen Teenagerrebellionen unserer Kinder miterlebten, dachte ich erst, dass es ein schönes Gefühl sein müsste, eines Tages sagen zu können: »Ich hab dir's doch gesagt!« Aber dann stellte ich fest, dass es überhaupt nicht schön ist, mit ansehen zu müssen, wie der rebellische Sohn erntet, was er gesät hat, oder die Tochter ihre gerechte Strafe bekommt.

Mütter sind nicht wie der ältere Bruder in dem Gleichnis. Sie sagen nicht: »Geschieht ihm recht!«, sondern sie leiden mit dem verlorenen Sohn oder der Tochter mit. Sie reichen ihnen die Hand und sagen: »Komm, ich helfe dir, die Scherben aufzusammeln.«

Ist Gott nicht eigentlich genauso? Wir nennen ihn »unser Vater« und umschreiben ihn mit männlichen Begriffen, aber ich glaube, Gott hat auch das Herz einer Mutter. Er stellt sich der Tatsache, dass wir trotz aller seiner guten Absichten unser Leben vor die Wand gefahren haben, und reicht uns die Hand und sagt: »Komm, wir wollen sehen, wie wir das Beste daraus machen können.« Gott kann den kaputtesten Menschen – jemanden, der nicht nur seine Pläne A, B und C, sondern auch X, Y und Z verpasst hat – wieder zurechtbringen. Er *kann* es, weil er Gott ist, und er *tut* es, weil er uns liebt. Er liebt uns so sehr, dass er für uns gestorben ist – Sie erinnern sich an Johannes 3,16.

Die Hoffnung nicht aufgeben

In Jesu Gleichnis vom verlorenen Sohn hoffte der Vater darauf, dass sein Sohn eines Tages wiederkäme; sonst hätte er nicht so treu nach ihm Ausschau gehalten und ihn schon »von ferne« gesehen, als er dann kam.

Meistens jedoch ist es die Mutter, die Ausschau hält, bei der jeder Gedanke ein Gebet ist und die das Licht im Fenster scheinen lässt, um den verlorenen Sohn willkommen zu heißen. Es ist die Mutter des zum Tode verurteilten Mörders, die vor der Hinrichtungszelle wacht und wider jede Hoffnung hofft, dass noch im letzten Moment die Nachricht kommt, dass ihr Sohn begnadigt worden ist.

Jesus hat uns gelehrt, nie aufzugeben, wie in der Geschichte, die er in Lukas 11,5-9 erzählt:

> Angenommen, ihr geht um Mitternacht zum Haus eines Freundes, um ihn um drei Brote zu bitten. Ihr erklärt ihm: »Ein Freund von mir ist unerwartet zu Besuch gekommen, und ich habe nichts zu essen im Haus.« Doch er ruft euch aus dem Schlafzimmer zu: »Lass mich in Ruhe. Die Tür ist schon für die Nacht verriegelt, und wir liegen alle im Bett. Um diese Zeit kann ich dir nicht mehr helfen.« Ich sage euch eins: Wenn er euch auch nicht aus Freundschaft helfen will, wird er doch am Ende aufstehen und euch geben, was ihr braucht, um seinem guten Ruf nicht zu schaden – wenn ihr nur beharrlich genug klopft.

Jesus beendet das Gleichnis mit der Aufforderung: »Bittet, und ihr werdet erhalten, um was ihr gebeten habt. Sucht und ihr werdet finden. Klopft an, und die Tür wird euch geöffnet werden.«

Und in Lukas 18,2-8 sagt Jesus seinen Jüngern:

> In einer Stadt lebte ein Richter. Er war ein harter, gottloser

Mann, der den Menschen mit Verachtung begegnete. Eine Witwe aus der Stadt sprach immer wieder bei ihm vor und forderte ihr Recht gegenüber jemandem, der ihr Unrecht getan hatte. Der Richter ging eine Weile über ihre Klagen hinweg, doch irgendwann wurde er ihrer müde. »Ich fürchte weder Gott noch Menschen«, dachte er, »aber diese Frau raubt mir den Verstand. Ich will zusehen, dass sie ihr Recht bekommt, damit sie mich mit ihren ständigen Anträgen verschont.«

Jesus beendet dieses Gleichnis mit den Worten: »Wird Gott da nicht seinen Auserwählten, die ihn Tag und Nacht anflehen, ihr Recht verschaffen? Wird er sie vertrösten? Ich sage euch, er wird ihnen Recht verschaffen, und zwar schnell!«

Mein eigener verlorener Sohn

Ich »flehe Tag und Nacht zu Gott« für meinen eigenen verlorenen Sohn. Für den lieben Jungen, der mir früher Streichholzrahmen mit seinem Bild darin schenkte und darunter schrieb: »Alles Liebe, Mama.« Den Jungen, der Gott in allem und jedem sah, von den Wolken bis zum Regenwurm. Den Elfjährigen, der in Tränen ausbrach, weil er seine Freunde nicht zu Gott führen konnte. Den rebellischen jungen Mann, der heute sein eigenes Leben führen möchte, ohne Gott und ohne mich.

Wenn er noch ein kleiner Junge wäre, könnte ich versuchen, ihn mit Strafen zur Vernunft zu bringen. Aber inzwischen ist er erwachsen.

Wohlmeinende Verwandte und Freunde haben mir geraten, es mit »harter Liebe« zu versuchen. In vielen Fällen funktioniert das. Als mein Bruder, wie er es ausdrückte, seinem Lebemann-Sohn »den Kopf zurechtrückte«, wurde dieser anschließend ein guter Mann und Christ. Als eine Freundin von mir ihre rebellische Tochter kurzerhand vor die Tür setzte, bekam diese die Kurve und wurde eine vorbildliche junge Frau.

Ich sage nicht, dass solch ein Vorgehen falsch ist. Aber ich habe lange und fest darum gebetet, was ich in unserer Situation machen soll, und das Einzige, was Gott mir geantwortet hat, ist: »Liebe ihn.« Mein Sohn ist adoptiert, und es hat in seinem Leben Dinge gegeben, die ihn verbittert, mit Minderwertigkeitsgefühlen gefüllt und ihm den Eindruck gegeben haben, dass er ungeliebt und ungewollt ist. Gott weiß, wie viel Liebe er braucht.

Wenn ich mir die Ausfälle meines wütenden erwachsenen Sohnes gegen mich, gegen Gott und gegen das Leben anhören muss, hasse ich ihn dann? Sinne ich auf Rache, wenn meine erste Wut verraucht ist? Nein. Ich möchte ihn einfach in meine Arme nehmen und seine gequälte Seele zurücklieben in den Frieden mit Gott, so wie ich ihn früher in den Armen hielt, wenn er schlecht geträumt hatte. Ich möchte ihm helfen, den Weg heraus zu finden aus der Dunkelheit und dem Nebel und hinein in ein erfülltes Leben.

Bedingungslose Liebe

Ein rebellisches Kind zu haben ist nichts, was man sich wünschen kann, aber ich habe dadurch etwas sehr Wichtiges über Gott gelernt: Er liebt mich, egal, wie dumm oder egoistisch ich bin oder wie oft ich ihn auffordere, mich endlich in Ruhe zu lassen.

Die bedingungslose Liebe, die ich in mir selbst gegenüber meinem verlorenen Sohn gefunden habe (und gegenüber seinen Schwestern, die als Teenager rebellierten), hat mir deutlicher gemacht, dass mein himmlischer Vater nur darauf wartet, mich in seine Arme zu schließen und zurück zu ihm zu lieben, egal, was ich gemacht habe.

Zurück zu meinem Sohn: Ich bin überzeugt, dass er eines Tages den geistlichen Kieselsteinen seiner Jugend folgen und auf diese Weise heimkommen wird zu Gott, ob ich das noch erleben werde oder nicht.

Zurück zu Tikva

Das bekannte Gleichnis aus Lukas 15 endet damit, dass der verlorene Sohn in die offenen Arme seines Vaters heimkehrt. Die Diener freuen sich, sein älterer Bruder ist ärgerlich, und seine Mutter ... ja, über die erfahren wir nichts. An der Stelle in der Geschichte, wo die Freude der Mutter über den Heimkehrer geschildert werden müsste, ist eine große Lücke. Wahrscheinlich lebte sie nicht mehr. Aber wenn sie noch lebte, könnte der fehlende Teil der Geschichte vielleicht so ausgesehen haben ...

Schon lange, bevor sie ihn sehen konnte, wusste Tikva, dass Saul kam, denn sie hörte Aarons Freudenschrei und sah, wie er zu rennen begann.

Sie drehte sich um und schlüpfte leise zurück ins Haus. Saul würde ein Bad brauchen. Und frische Kleider. Aber zuallererst etwas zu essen für seinen leeren Magen.

Was mag er durchgemacht haben die letzten Monate?, dachte sie, während sie den Brotteig in den Backofen schob und den Dienstmädchen ihre Anweisungen zurief. *Wird er krank sein?* Benjamin hatte es aufgeregt berichtet, das Gerücht, dass Saul bei irgendeinem Bauern die Schweine hüten musste. *Was für Ungeziefer wird er da mitbekommen haben, am Körper und an den Kleidern?* Sie schauderte.

Jetzt kam Aarons Stimme vom Hauseingang. Er rief den Dienern zu: »Schnell! Bringt das beste Kleid und legt es ihm an! Steckt ihm einen Ring an den Finger und Sandalen an die Füße! Bringt das gemästete Kalb und schlachtet es! Denn dieser mein Sohn war tot und ist wieder lebendig, er war verloren und ist gefunden!«

Und dann war Saul da, warf seine Arme um sie und schluchzte seine Reue für das, was er ihr angetan hatte, in ihre Ohren, und versprach, es wiedergutzumachen. Sie brachte kein Wort hervor, stand einfach da und drückte ihn an sich und ließ die Freudentränen ihr Gesicht hinablaufen.

Sie warf einen letzten prüfenden Blick auf die Küche und seufzte müde und zufrieden. Die Töpfe und Teller und Kochutensilien waren gesäubert und standen wieder an ihrem Platz. Der Fußboden war gefegt und mit frischem Stroh bedeckt. Alles war gerichtet für die Morgenmahlzeit.

Aus dem Hof kam der Klang der Musik, Singen und Lachen. Saul wurde wie ein König empfangen.

»*Todah rabah, Elohim*«, flüsterte sie. »Danke, danke, dass du meinen Sohn heimgebracht hast.«

»Was ist hier los? Was soll dieser Lärm?« Sie hörte, wie Benjamin, der gerade zurück von den Feldern kam, einen der Diener fragte.

»Euer Bruder ist zurück nach Hause gekommen, Herr«, erwiderte der Diener, »und euer Vater hat das gemästete Kalb geschlachtet, weil er ihn gesund wieder hat.«

Tikva schaute lächelnd hoch, um Benjamin zu begrüßen, aber sie hörte, wie er einen Fluch ausstieß, was gar nicht zu ihm passte, und aus dem Haus nach draußen stürmte.

Sie hörte, wie Aaron ihn bat: »Komm, Benjamin, setz dich zu uns! Dein Bruder ist wiedergekommen. Komm und feier mit uns.«

Sie hörte, wie Benjamin wieder fluchte. »Hör mir zu, *Abba*!«, rief er, »all diese Jahre hab ich für dich geschuftet und alles getan, was du wolltest, und du hast mir noch nicht mal eine junge Ziege gegeben, damit ich mit meinen Freunden feiern konnte! Aber jetzt, wo dieser Taugenichts ankommt, der dein Geld mit Huren durchgebracht hat, lässt du das gemästete Kalb für ihn schlachten!«

»Mein Sohn«, kam Aarons Stimme, »du bist doch immer bei mir, und alles, was ich habe, gehört auch dir. Aber heute müssen wir feiern und fröhlich sein, denn dein Bruder war tot und ist wieder lebendig geworden, er war verloren und ist gefunden worden.«

Tikva wusste: Diesen Worten und dieser Weisheit ihres Mannes war nichts hinzuzufügen. Sie konnte Benjamins Ärger ja ein Stück weit verstehen. Er war stets ein gehorsamer und guter Sohn gewesen, sein ganzes Leben lang war er ein anständiger Mensch gewesen. Aber irgendwo auf seinem Weg war er vom Pfad der Liebe abgekommen und über die bittere Wurzel der Eifersucht gestolpert.

Sie wusste, dass Saul viel Böses getan hatte. Aber, wie Aaron gesagt hatte, er war verloren gewesen und war jetzt wiedergefunden. Wie konnten sie sich da nicht freuen?

Sie seufzte. Benjamin würde seinen eigenen Weg zurück nach Hause finden müssen. Sie konnte nur eines machen: ihn lieben und für ihn beten, wie sie es die ganzen Monate für Saul getan hatte.

Ja, das ist es, was Mütter tun: ohne Unterlass zu Gott beten für die Stücke ihres Herzens, die draußen durch die Welt irren. In Galater 6,9 schreibt Paulus: »Deshalb werdet nicht müde zu tun, was gut ist. Lasst euch nicht entmutigen und gebt nie auf, denn zur gegebenen Zeit werden wir auch den entsprechenden Segen ernten.« Solange wir noch Luft holen können, werden Joanne und ich, wie einst Tikva, nie aufhören, einen gnädigen Gott anzuflehen, unsere verlorenen Söhne und Töchter zu retten. Solange sie leben, werden wir nicht aufhören, zu glauben, dass er das tun kann und wird.

3

Gomer

Thema: Barmherzigkeit

Lesen Sie in der Bibel: Hosea 1–3

Gomer stieß sich von der Mauer ab, an die sie sich gelehnt hatte, wickelte sich fester in ihr ausgefranstes Umhängetuch und wankte auf die nasse Straße.

Wenn ich es zu meinem Zimmer schaffe, bevor ich umfalle, ist es gut. Sie stemmte sich mit dem Rest ihrer Kraft gegen den herabstürzenden Regen.

Der Frühlingsregen. Zu Hause war jetzt der Garten fertig bepflanzt und wartete nur darauf, wachsen zu können. Fast wünschte sie sich, dort zu sein, sich um die Kräuter und Gemüsepflanzen zu kümmern und ein nahrhaftes Mahl für ihren Mann und die Kinder zu bereiten.

Sie blieb stehen, um Luft zu holen. Luft war wichtiger als der Schutz vor dem Regen, der ihr das Haar und die Kleidung durchnässte. Dann stolperte sie weiter und stieß fast mit einem Mann zusammen, der ihr entgegenkam.

Der Mann warf ihr einen kurzen, verächtlichen Blick zu, bevor er die Straße überquerte. Sie lachte dünn, dann musste sie husten. *Früher hättest du nicht so reagiert,* dachte sie. *Du hättest nicht schnell genug zu mir kommen können.*

Der Mann hatte wohl gedacht, dass sie betrunken war, hier auf der Straße, am hellen Tag. Sie wäre vielleicht betrunken gewesen, wenn sie das nötige Geld gehabt hätte, um sich Wein zu kaufen. Aber die Taschen ihres zerschlissenen Rocks waren leer, bis auf den Brotkanten, den sie vor dem Bäckerladen einer hungrigen Katze vor dem Maul weggeschnappt hatte.

Da war endlich die Hütte ganz am Ende der Straße, in der sie wohnte, seit man sie aus dem Tempel geworfen hatte. Sie hatten ihre Krankheit entdeckt. Eine Dienerin der Göttin, die die Kunden vergraulte, weil sie ihnen Angst vor dem schleichenden Tod machte, konnten sie nicht gebrauchen.

Hab ich wirklich diese Krankheit?, grübelte sie. *Hat mich einer der sogenannten Herren, die zu den Frauen am Schrein der Großen Göttin kommen, angesteckt?* Der bloße Gedanke hätte ihr panische Angst eingejagt, wenn sie die Kraft dafür gehabt hätte.

Ich habe dir gut gedient, o Göttin. Kannst du mich dann nicht vielleicht vor dem schleichenden Tod beschützen? Nicht, dass sie ihre Dienste aus Überzeugung angeboten hatte, weil sie an die Göttin glaubte. Sie hatte es wegen der Geschenke gemacht, die die Männer ihr zusteckten, und wegen der heiligen Rosinenkuchen, die sie so liebte.

Ihr leerer Magen knurrte, als sie an die Rosinenkuchen dachte, dann kam wieder die Übelkeit. Wann hatte sie das letzte Mal gegessen? Gestern? Vorgestern? Heute hatte ihre Suche nach Essbarem ihr nur dieses harte Stück Brot gebracht. Sie zog es aus ihrer Tasche und begann, daran zu nagen, während sie langsam zu dem Tisch in der Mitte des kleinen, schummrigen Raumes ging.

Sie hob die Öllampe hoch. Sie war fast leer. Am besten benutzte sie sie wohl erst, wenn sie sie wirklich brauchte. Sie ließ sich auf das ungemachte schmale Bett an der hinteren Wand sinken.

Sie wusste, dass sie Fieber hatte. Ihr war, als ob in ihrem Körper ein Ofen brannte, und ihr Mund war zu trocken für die Brotkruste, trotz ihres nagenden Hungers.

Ist das vielleicht nicht der schleichende Tod, sondern Hoseas Fluch?, dachte sie plötzlich. »Ihr sollt eure Mutter zur Rechenschaft ziehen –

denn sie ist nicht mehr meine Frau und ich bin nicht mehr ihr Mann«, hatte er den Kindern gesagt, die ihm mit aufgerissenen Augen zugehört hatten. »Dann will ich sie austrocknen wie eine Wüste oder wie verdorrtes Land. Sie soll vor Durst umkommen.«

Ist das nicht genau das, was dieses Fieber mit mir macht? Dann erinnerte sie sich daran, was der Prophet als Nächstes gesagt und was ihr die Angst bis ins Mark gejagt hatte: »Auch ihre Kinder will ich nicht mehr lieben; denn es sind Kinder einer Hure. Ihre Mutter hat Ehebruch begangen.«

»Nur Lo-Ammi!«, hatte sie ausgerufen. »Nur er!« Es nutzte nichts, es verbergen zu wollen. Dieses dritte Kind war zu schnell zur Welt gekommen, nachdem er sie das letzte Mal nach Hause geholt hatte. Hosea wusste Bescheid.

Er hatte sie in seine Arme genommen, ihr versichert, dass seine Worte nur Israel galten und dass Gott seinem Volk mit ihnen sagen wollte, dass er genau wusste, dass es sich von ihm zu den Göttern der Kanaaniter abgewandt hatte. Sie hatte nicht gewusst, was sie glauben sollte, aber so, wie Hosea mit den Kindern umging, liebte er sie – alle.

Die Schwäche fiel wie eine Decke über sie. Sie sank auf dem Bett zusammen, dass der Staub hochwirbelte. Sie hustete und keuchte nach Luft. Es roch nach Essensresten und verbranntem Holz, obwohl in dem schäbigen Zimmer von beidem nichts zu sehen war. Seit mehreren Tagen schon hatte sie keinen einzigen Schekel verdient. Wenn die Tempelpriester ihre Krankheit bemerkten, dann sicher auch etwaige Kunden, die sie auf der Straße ansprach.

Sie drückte sich hoch und griff nach dem kleinen Zinnspiegel, den der Geschäftsreisende aus Ägypten ihr geschenkt hatte. Es war das einzige wertvolle Stück, das sie behalten hatte, als sie anfing, ihren Besitz für Essen, Öl und ein Dach über dem Kopf zu verkaufen. Fort waren sie, die juwelenbesetzten Ketten, Ringe und Spangen, die Tücher aus feinstem Leinen und Seide, die Gürtel und Sandalen, der Haarschmuck und die Parfüme, die sie von ihren Liebhabern bekommen hatte. Nur diesen Spiegel hatte sie behalten, als notwendiges Werkzeug für ihren Beruf und Grundstock für bessere Tage.

Gomer zog den Mund zusammen vor dem grotesken Bild, das ihr da entgegenschimmerte – die Haut, die sich rissig über die hervorstehenden Wangenknochen spannte, das Haar, das matt um ihre Schultern hing, die dunklen Augen, in denen das Fieber brannte.

»Noch nicht einmal du würdest mich jetzt noch wollen, mein treuer Hosea«, flüsterte sie. »Ich bin nicht mehr deine schöne Gomer.«

Sie ließ sich seufzend zurück auf das Bett sinken. Fast wünschte sie sich, dass Hosea sie finden und zurück nach Hause holen würde, obwohl sie genau wusste, dass sich nach ein paar Tagen wieder die alte Langeweile und Ruhelosigkeit ihrer bemächtigen würde.

Es war nicht so, dass Hosea nicht gut zu ihr war. Die erste Zeit freute sie sich immer ihres Lebens, spielte mit den Kindern, schmückte das Haus mit duftenden Blumen, bereitete schmackhafte Mahlzeiten für die Familie, grub in ihren Kräuter- und Gemüsebeeten.

Aber dann kam sie wieder, die graue Langeweile, die erstickende Einförmigkeit der Tage, wuchs und wurde größer, und sie sehnte sich wieder nach den schweren Parfümen Ägyptens, dem sinnlichen Gefühl von Seide und feinem Leinen auf der Haut, dem Glitzern der Juwelen und Schmuckstücke. Es dauerte nicht lange, und die Sehnsucht nach dem Fremden, Exotischen, nach anderen Orten und anderen Männern wurde übermächtig und Gomer plante ihre nächste Flucht.

Hosea hatte sie jedes Mal zurückgeholt. Er hatte es ihr sogar vergeben, als sie mit dem assyrischen Offizier durchgebrannt war und ihr drittes Kind etwas zu bald, nachdem er sie zurückgeholt hatte, geboren hatte. Er hatte den Jungen Lo-Ammi genannt – »nicht mein Volk«. Der Name sollte eine Botschaft des Gottes Hoseas an die Israeliten sein; er sollte ihnen zeigen, dass sie sich mit ihrem Götzendienst von dem einen wahren Gott getrennt hatten.

Das hatte Hosea gesagt. Aber Gomer hatte das keinen Augenblick lang geglaubt. Sie war sicher: Ihr Mann wusste, dass das Kind nicht von ihm war, und hatte ihm deswegen diesen Namen gegeben. Was er nicht wusste, war, dass das Kind noch nicht einmal von dem assyrischen Offizier war. Sie musste es zu der Zeit empfangen haben, als sie als Tempelprostituierte gearbeitet hatte.

Wie glühend Hosea dagegen anpredigte, dass die Israeliten den falschen Göttern ihrer Nachbarvölker dienten! Was würde er denken, was würde er machen, wenn er wüsste, dass der Sohn, den er da aufzog, die Frucht des Dienstes seiner Frau für einen dieser Götter war?

Jeder der Kunden, die sich mit Gomer amüsiert hatten, konnte der Vater des kleinen Lo-Ammi sein, gerne auch einer der israelitischen Priester, die im Schutze der Dunkelheit die Frauen in dem Tempel aufsuchten.

Gomers Lippen kräuselten sich spöttisch, als sie an diese selbstgerechten Geistlichen dachte, die bei Tage streng und salbungsvoll die Sünden verurteilten, denen sie selbst bei Dunkelheit frönten. *Und geizig sind sie auch noch; geben einem keine Geschenke, nur die Tempelgebühr.* Unterm Strich dienten sie eigentlich alle dem großen Gott ihres eigenen Ichs, wie all die anderen Männer auch, die ihre Dienste gesucht hatten. Gomer hatte Lust, auszuspucken, wenn sie an sie dachte, aber ihr Mund war zu trocken dazu.

Hosea hatte versucht, ihr von dem Gott Israels zu erzählen, dem er von ganzem Herzen diente. Sie musste zugeben: Anders als den meisten Priestern, die sie kennengelernt hatte, war es Hosea mit seiner Religion ernst. Er liebte und diente seinem *Jahwe* wirklich.

Sie hatte wohl diesem *Jahwe* – wer immer er auch war und falls es ihn denn gab – dafür zu danken, dass Hosea ihr ihre zahlreichen Seitensprünge immer wieder vergeben hatte. Er hatte jedes Mal gesagt, dass *Jahwe* ihm geboten hatte, sie zurückzuholen, als Beispiel für *Jahwes* Bereitschaft, den Israeliten zu vergeben, wenn sie nur zu ihm zurückkehren würden.

Bei ihm haben die Kinder es viel besser, als sie es bei ihrer Mutter hätten. Sie hatte keinen Zweifel, dass ihr Mann auch für Lo-Ammi bestens sorgte. Er war ganz vernarrt in Jesreel, der ihm wie aus dem

Gesicht geschnitten war, und in Lo-Ruhama, die gerade so aussah wie Gomer, als sie selbst klein gewesen war.

Sie seufzte wieder. Hosea war ein guter Mann, aber oft fragte sie sich, ob er noch ganz normal war mit seiner hartnäckigen Überzeugung, dass sein Gott zu ihm sprach, ja ihm Botschaften für sein Volk gab. Er glaubte steif und fest, dass dieser Gott ihm befohlen hatte, sie, Gomer, zu heiraten! Sie lachte tonlos und bekam prompt den nächsten Hustenanfall.

Plötzlich hörte sie draußen Fußschritte. Sie schnappte sich ein Kissen und presste es auf ihren Mund, um den Husten zu ersticken. Was, wenn das einer ihrer Gläubiger war, die sie Tag und Nacht verfolgten? Sie war sicher gewesen, dass keiner von ihnen wusste, dass sie hier in diesem Loch hauste, aber vielleicht hatte ihr Vermieter gemerkt, wer sie war, und es weitererzählt.

Der Vermieter ... War er es vielleicht selbst, würde er sie gleich packen und auf die Straße setzen, weil sie die Miete nicht bezahlt hatte? Oder sie für ein paar Schekel in die Sklaverei verkaufen? Sie spürte, wie Panik in ihr aufstieg.

O, Hosea, bettelte sie stumm, *mir ist egal, wie langweilig es mir in deinem kleinen Haus und dem Garten ist! Komm und hol mich hier raus! Hol mich nach Hause!*

Die schweren Schritte kamen näher. Sie hörte etwas wie das Rasseln einer Kette. Die Eisenklammer der Angst legte sich fester um ihre Brust. Sie schaute verzweifelt um sich, aber hier konnte sie sich nirgends verstecken, hier half ihr keiner.

Loretta

Ich kannte die Frau, die ich hier Loretta nennen möchte, schon mein ganzes Leben lang, aber ich hatte sie seit längerer Zeit nicht mehr gesehen. Sie war aus unserer kleinen Stadt in die Großstadt gezogen, wo sie beruflich Karriere machte und das wurde, was man eine moderne, emanzipierte Frau nennt. Dann kam der

Anruf, dass ihre Mutter im Sterben lag, und sie musste ihr Leben unterbrechen und zurück in ihre alte Heimat fahren. Als wir nach der Beerdigung zusammensaßen, erzählte sie mir die folgende Geschichte.

Mit den Tränen kämpfend, rannte Loretta förmlich aus dem Haus, bevor ihre Mutter sich für immer von ihr verabschieden konnte, wie gerade von ihrem jüngeren Bruder. Sie wusste: Sie war genauso wenig auf den Ort vorbereitet, wohin Mama jetzt ging, wie Frank. Und Mama wusste das auch.

Loretta überquerte den Hof, zog ihre hochhackigen Schuhe aus und ging vorsichtig die unbefestigte Auffahrt entlang, die zu der Scheune führte. Da stand der Leiterwagen. Sie warf ihre Schuhe auf den Wagenboden, presste ihre beiden Hände auf den grau verwitterten Rahmen und hievte sich rücklings hinauf. Die Abenddämmerung war sommerwarm.

Auf einmal sah sie sie vor ihrem inneren Auge wieder vor sich, die Kinder aus der Nachbarschaft. »Du bist der Gendarm!« Dann das laute »Boing!«, als die leere Konservendose mit einem kräftigen Fußtritt in die Luft befördert wurde und in die Büsche flog, und das halb unterdrückte Kichern, als die Kinder in alle Richtungen stoben, um sich zu verstecken.

Sie spürte, wie ihr Herz hämmerte, als der Gendarm durch die Scheune schlich, zu der Stelle, wo sie mit angehaltenem Atem kauerte. »Ich kann Loretta sehen!« Ihr Herz blieb stehen. Dann, im letzten Augenblick, bevor sie aus ihrem Versteck sauste, um zu dem rettenden Leiterwagen zu rennen, das nächste »Boing!«, als der Fuß eines Retters die Dose wegschoss, worauf der Gendarm hinterherrennen musste.

Irgendwann sahen sie dann, wie die ersten Glühwürmchen schwirrten und die gelben Lichter in den Häusern angingen. Dann eine Stimme: »Kommt rein, Kinder, es wird dunkel!« Der Gendarm rief: »Alle Kinder dürfen heim!«, und das Spiel war aus. Jeder durfte nach Hause, ohne dass der Gendarm ihn fing.

Loretta ließ ihre Beine baumeln und versuchte, sich vorzustellen, wie dieses Spiel auf dem Hof vor ihrem 1910 erbauten und teuer renovierten Stadthaus in Louisville gespielt wurde. Sie wettete ihren himmelblauen neuen Corvette, dass kein einziges Kind in Louisville das Spiel kannte. Wenn es bekannt war, dann wurde es bestimmt nicht mehr mit einer leeren Konservendose gespielt, sondern mit einer Designer-Tretdose, die 60 Dollar kostete. Heute war nichts mehr gratis, alles hatte seinen (gewöhnlich überhöhten) Preis. *Und wir alle zahlen ihn,* dachte sie traurig, *und verkaufen unser Erstgeburtsrecht für ein Linsengericht.*

Sie hatte vorgehabt, sich mehr Zeit für Mama zu nehmen, aber sie war so beschäftigt gewesen mit ihrer Arbeit an der Universität, so in Anspruch genommen von der Kunst- und Kulturszene, so ... ja, so leer, wenn sie ganz ehrlich war. Unbefriedigt von dem seichten Lebensstil, den seichten Menschen und mitten unter all den Menschen so furchtbar, gottlos einsam.

Gottlos? Das Wort ließ sie innerlich stolpern. Gottlos. Ohne Gott. Was hatte ihre Mutter zu Frank gesagt: »Es zerreißt mir das Herz, mich von dir verabschieden zu müssen, Junge. Aber du bist ohne Gott und ich gehe jetzt zu ihm. Ich werde dich nicht wiedersehen.«

Dann hatte Mama Noreen und Richard angeschaut und gesagt: »Ich warte auf euch.« Worauf Loretta sich umgedreht hatte und aus dem Haus gestürmt war, bevor Mama sich auch von ihr verabschieden konnte.

Sie hörte, wie die Haustür ging, und schaute zu dem Haus hin. Sie konnte Noreens eine Spur vollschlanke Silhouette ausmachen, die in das Grau der Abenddämmerung hineinspähte.

»Loretta? Mama möchte mit dir reden! Kommst du, bitte?« Noreens Stimme war ungeduldig schrill.

Loretta blieb reglos sitzen. Sie wusste, dass ihre Schwester sich im Dunkeln nicht in den Hof traute. So war das immer schon gewesen. Sie hatte immer an Mamas Schürzenzipfel gehangen und ihre Geschwister verpetzt. Loretta sah, wie sie wieder verschwand, dann hörte sie, wie die Tür sich schloss.

Sie zog ihre Füße auf den verwitterten Rahmen des Leiterwagens, legte die Arme um die Knie ihrer langen schwarzen Seidenhose und stützte ihr Kinn darauf. Die Grillen im Gras und die Zirpfrösche im Teich setzten ihr Konzert fort. Hinter der Scheune ertönte der melancholische Ruf einer Trauertaube; eine zweite, irgendwo tief im Wald, antwortete.

Schreien die, weil Mama jetzt bald stirbt? Oder trauern sie um Franks verlorene Seele? Oder wollen sie meinen eigenen ruhelosen Geist warnen?

»Loretta?« Die leise Stimme ließ sie zusammenzucken. Sie hatte gar nicht gemerkt, wie ihr Bruder zu ihr kam. »Ist alles in Ordnung?«

Der liebe Richard. So sanft. Nicht ärgerlich wie Noreen. »Ich bin okay, Richard.«

Sie spürte, wie der Wagen leicht schwankte, als er sich neben sie setzte. Sein kräftiger linker Arm legte sich um ihre Schultern. Sie lehnte sich an ihn. Wann hatte sie das letzte Mal jemand umarmt, weil er sich Sorgen um sie machte?

»Mama möchte dich wirklich noch mal sehen, Loretta. Sie hat nicht mehr viel Zeit.«

Sie nickte an seiner Schulter. »Ich weiß, Richard«, flüsterte sie, »aber sie würde mir das Gleiche sagen wie Frank, und das halte ich nicht aus.« Ein Schluchzer stieg in ihr hoch, sie holte tief Luft. »Es stimmt ja«, fuhr sie fort, »Frank und ich sind einander ähnlicher, als du je zugeben wolltest, Richard. Rebellisch, ruhelos, unzufrieden.«

»Loretta, in jedem von uns ist ein Hohlraum, den nur Gott füllen kann und nichts anderes.«

Hohlraum? Ja, das hab ich, und nicht zu knapp.

Sie schwiegen einen Augenblick, dann sagte Richard: »Loretta, du bist nicht so wie Frank, der Lebemann. Du bist wie der verlorene Sohn in der Bibel, du hast deinen Besitz unter den Heiden verpulvert.

Aber anders als Frank weißt du darum, dass du ein Sünder bist. Du schlägst dich den ganzen Tag lang – und ich schätze auch die Nacht – mit deinem schlechten Gewissen herum, Dabei bräuchtest du Gott nur um Vergebung zu bitten. Er vergibt dir ohne Wenn und Aber, das Blut von Jesus bedeckt alle deine Sünden.«

Sie lächelte schwach in die Dunkelheit hinein, die sie jetzt wie eine weiche Decke einhüllte. »Alle Kinder dürfen heim«, murmelte sie.

»Ja, genau«, sagte Richard. »Ohne dass der Gendarm sie fängt. Sie brauchen nur nach Hause zu kommen.«

»Thomas Wolfe – du weißt schon, der Schriftsteller – sagt, wir können nicht zurück nach Hause, Richard.«

»Aber Jesus hat gesagt: ›Wer zu mir kommt, den werde ich nicht hinausstoßen.‹ Gott liebt dich, Loretta. Es ist nicht zu spät für dich, und Mama würde es so gerne noch erleben, wie du heimkommst.«

Sie wischte die Tränen, die ihr über die Wangen liefen, ungeduldig beiseite. »Ich bin so weit weg gewesen, und so lange ...«

Er glitt von dem Wagen herunter und nahm ihre Hand. »Komm, Schwester. Alle Kinder dürfen heim.«

Loretta sah zu dem warmen Gelb der Fenster hin, die in der Dunkelheit leuchteten. Sie nahm ihre Schuhe, stieg von dem Wagen herunter auf den Kies, wo ihr Bruder stand, und nahm seine Hand.

Mr MacGregors Garten

Kennen Sie die Geschichte von Peter Hase, der so ganz anders als seine braven Geschwister war und ständig etwas anstellte? Als Mama Hase ihm einschärfte, einen großen Bogen um den Garten von Mr MacGregor zu machen, wo musste er hin? Natürlich zu dem verbotenen Garten.

Nicht, weil er Hunger gehabt hätte. Mama Hase versorgte ihre Kinder bestens, Peter war rund und gesund. Aber dieser Garten zog ihn magisch an. Diese verführerischen Salatköpfe gleich hinter dem Zaun. Und MacGregors Hacke, der man ja nicht zu nahe kommen durfte und die den Reiz noch erhöhte. Nein, Peter konnte nicht widerstehen. Er riskierte alles, er riskierte sein Leben für den Kick eines Augenblicks in dem verbotenen Garten.

Gomer verstehen

Anders als Batseba und Justine, die lediglich im falschen Moment am falschen Ort waren, entschieden Gomer, Loretta und Peter Hase sich ganz bewusst für ein Leben in der Sünde. Vielleicht kennen auch Sie solche Menschen. Je besser sie es zu Hause haben, umso mehr lockt sie der Reiz des Verbotenen, Kranken, Dekadenten.

Warum ging Gomer immer wieder in den Lebensstil der Prostituierten zurück? Warum hielt Loretta so lange an ihrem leeren Leben fest? Warum musste Peter Hase immer wieder unter dem verbotenen Gartentor hindurchkriechen? Warum riskierten die drei so viel für ein paar prickelnde Augenblicke?

Peter Hase war einfach ein Hedonist. Er suchte den Kitzel des Versteckspiels und der Flucht und den Geschmack der verbotenen Gemüsepflanzen. Es war gut, dass er schließlich doch noch lernte, dass diese Dinge es nicht wert waren, im Kochtopf von Mrs MacGregor zu landen oder sich eine böse Erkältung zu holen, weil er sich in einer halb vollen Gießkanne verstecken musste, oder Kamillentee trinken zu müssen, statt Mama Hases herrlichen Stachelbeerkuchen zu essen.

Frauen wie Loretta und Gomer dagegen sind zwar auch Hedonisten, aber tief drinnen sehnen sie sich oft nach einem anderen, besseren Leben. Doch sie sind nicht bereit, die Vergnügungen, die die Sünde ihnen bietet, aufzugeben, um dieses Leben zu bekommen. Sie haben oft ein schlechtes Gewissen, aber ein schlechtes Gewissen führt nur zu Minderwertigkeitsgefühlen, die man dann mit den nächsten Sünden betäuben muss, worauf man das nächste schlechte

Gewissen bekommt und meint, sich bestrafen zu müssen. Und so weiter.

Ich glaube, dass Gomer nicht nur das Problem hatte, dass ihr das Leben als Hausfrau und Mutter langweilig vorkam. Tief drinnen fühlte sie sich unwürdig und wertlos. Sie hatte den Eindruck, dass sie so einen liebevollen, treuen Mann wie Hosea nicht wert war und entsprechend Strafe verdiente, und wenn sie sich selbst bestrafen musste.

Einer muss bezahlen

Ich dachte immer, dass meine Großmutter entweder eine Lügnerin oder eine Verrückte war, wenn sie, die Gertenrute in der Hand, verkündete: »Das tut mir gleich mehr weh als dir.« *Blödsinn!,* dachte ich. *Ich bin diejenige, die die Striemen an den Beinen kriegt, ich bin die, die gleich vor Schmerzen schreit.*

Ich musste erst selbst eine Mutter werden und meine eigenen Kinder bestrafen müssen, um zu lernen, dass Großmutter recht hatte. Ich wusste um die Wahrheit des Satzes »Wer sein Kind nicht straft, der liebt es nicht«, aber ich hasste es, wenn ich die kleinen Spitzbuben bestrafen oder sie auch nur auf ihr Zimmer schicken musste.

Unserem himmlischen Vater macht es ebenfalls kein Vergnügen, uns zu bestrafen, ja das meiste von dem Leiden, das auf unsere Sünden folgt, ist gar keine Strafe, sondern sozusagen eine eingebaute Konsequenz. Mein Onkel zum Beispiel, der Alkoholiker war, sagte sich von seinem Lebensstil los und wurde trocken, starb aber später an Leberzirrhose. Die Leberzirrhose war keine »Strafe« Gottes; Gott hatte ihm alle Sünden vergeben. Aber was er jahrzehntelang in seinen Körper gesät hatte, musste er noch ernten.

Ähnlich bei dem zum Tod oder lebenslänglich verurteilten Mörder, der echt Buße tut und Gott um Vergebung bittet. Gott vergibt ihm – aber die Strafe für seine Verbrechen gegen seine Mitmenschen muss er immer noch tragen.

Meine weise Großmutter sagte gerne: »Was man bestellt hat, muss man bezahlen.« Aber wenn es um das ewige Schicksal unserer Seele nach dem Tod geht, müssen wir nicht bezahlen, denn Jesus hat den Preis für die Vergebung unserer Sünden bereits in voller Höhe gezahlt.

Der Sünder hat oft den Eindruck, dass er Gottes Vergebung nicht verdient hat, ja dass ein gerechter Gott ihn nach all dem, was er getan hat, nicht lieben kann. Aber Gott bietet uns mehr an als nur Gerechtigkeit. Wenn Gomer nicht mehr erwarten konnte als Gerechtigkeit, dann war sie erledigt. Was Gomer und Loretta und wir alle brauchen, ist nicht Gottes Gerechtigkeit, sondern seine Barmherzigkeit. Wie es in Epheser 2,4-5 heißt: »Doch Gott ist so barmherzig und liebte uns so sehr, dass er uns, die wir durch unsere Sünden tot waren, mit Christus neues Leben schenkte, als er ihn von den Toten auferweckte. Nur durch die Gnade Gottes seid ihr gerettet worden!«

Die Lauwarmen

Nicht alle sinken so tief wie Gomer. Sie leben ihr gutbürgerliches Leben, sehen zu, dass ihr Auto nicht kleiner ist als das der Nachbarn und dass ihre Kinder ihren Tanzunterricht bekommen. Sie leben für ihre Karriere, das nächste Wochenende, den nächsten Urlaub. Sobald der Gedanke, dass es vielleicht wichtigere Dinge gibt als den Urlaub und die Karriere, sich meldet, ersticken sie ihn mit dem nächsten Bier oder dem nächsten Termin. An ihr Seelenheil denken sie nicht.

Vielleicht kennen Sie Menschen, die auch so sind – sie sind, wenn es um Gott geht, weder heiß noch kalt, sondern schlicht gleichgültig. Jesus spricht von ihnen in Offenbarung 3,15-16, wo er zu der Gemeinde in Laodizea sagt: »Ich weiß alles, was du tust und dass du weder heiß noch kalt bist. Ich wünschte, du wärest entweder das eine oder das andere! Aber da du wie lauwarmes Wasser bist, werde ich dich aus meinem Mund ausspucken!«

Wenn die Tasse Kaffee, die ich gerade trinke, nicht mehr richtig warm ist, schütte ich sie weg und mache mir einen frischen, heißen Kaffee. Wenn der Eistee in meinem Glas lauwarm geworden ist, schütte ich ihn weg. Wir mögen nichts, was so lauwarm ist, dass es uns den Appetit verschlägt. Wir müssten es eigentlich verstehen können, wie es Jesus anwidern muss, wenn wir auf seine Liebe und Barmherzigkeit mit einem schulterzuckenden »Na und?« antworten.

Ich möchte meinem Schöpfer und Erlöser nicht lauwarm begegnen. Aber manchmal erlebe ich es, wie ich innerlich abdrifte und in dem Spiel meines geistlichen Lebens zum unbeteiligten Zuschauer werde. Dann weiß ich: Du musst zurück zu Gottes Wort, dich neu auf Gott konzentrieren, dir überlegen, wofür du ihm alles danken kannst, dich wachrütteln, damit du wieder siehst, wie gewaltig Gott und seine Liebe ist.

Zurück zu Gomer

Gott befahl Hosea: »Obwohl deine Frau deine Liebe nicht erwidert hat, sondern ständig die Ehe bricht, sollst du sie wieder bei dir aufnehmen und sie lieb haben. Denn auch ich liebe die Israeliten, obwohl sie anderen Göttern nachlaufen« (Hosea 3,1; HFA). Und Hosea gehorchte.

Gomer konnte sich nicht mehr auf den Beinen halten. Die schweren Ketten rasselten, als sie zu Boden sank.

»Steh auf!«, zischte der Sklavenverkäufer. Er ließ seine Peitsche warnend zischen.

Sie wusste, dass der Mann nicht wollte, dass er einen schlechteren Preis bekam, weil seine Ware einen schwächlichen Eindruck machte, aber sie konnte nicht mehr. Sie duckte sich instinktiv und hielt ihre zusammengebundenen Hände so gut es ging vor ihren Kopf. Würde er sie jetzt totpeitschen?

»Fünfzehn Silberschekel!«, rief eine Männerstimme. Gomer japste ungläubig. So viel? Wer zahlte so einen Preis für eine kranke, womöglich sterbende Frau, die einem Mann weder Schönheit noch Arbeitskraft bieten konnte?

Sie schaute auf – in die Augen Hoseas. Ihr Herz hämmerte gegen ihre knochige Brust. Ihr Ehemann kaufte sie zurück. Aber warum? Sie hatte ihn betrogen, nicht nur ein Mal, sondern immer wieder. War es möglich, dass er sie noch liebte, sie zurückhaben wollte nach all dem Elend, das sie ihm gebracht hatte, und dann in diesem jämmerlichen Zustand?

»Fünfzehn Silberschekel und acht Scheffel Gerste!« Der Händler witterte Morgenluft.

»Einverstanden!«, erwiderte Hosea. »Binde sie los.«

Sie spürte, wie die Ketten von ihr abfielen und er sie auf seine Arme hob. »Meine schöne Gomer«, murmelte er, während er ihren ausgemergelten, von Lumpen bedeckten Körper zu seinem mit Kissen und Decken gepolsterten Eselskarren trug.

Sie hielt ihre Augen fest geschlossen, aber die Tränen fanden ihren Weg durch ihre Lider. Sie spürte, wie er mit einem Finger ihr Kinn anhob.

»Schau mich an, Gomer. Du willst doch zurück zu mir nach Hause, nicht wahr?«

Jetzt strömten die Tränen über ihre Wangen. »Ja. O, ja«, flüsterte sie. Dann verlor sie das Bewusstsein.

Es war eine zerlumpte, verdreckte, kranke Gomer, die Hosea nach Hause holte, aber er liebte sie zu sehr, um sie in diesem Zustand zu lassen. Wir steigen nicht sauber, sondern schmutzig in die Badewanne, und ganz ähnlich erwartet Gott nicht, dass wir schon rein sind, wenn wir zu ihm kommen. Sie müssen Ihre Freunde nicht erst rein und vollkommen machen, bevor Sie sie zu Gott führen können. Gott liebt jeden von uns – Sie, mich, Gomer, Loretta –, so wie wir sind, wenn wir zu ihm kommen, mit unseren Lumpen und unserem Dreck. Aber er liebt uns zu sehr, um uns so verdreckt zu lassen. Als Reinigungsmittel hat er das allmächtige Blut von Jesus für uns bereit.

Durch das, was Hosea da für seine treulose Frau tat, zeigte Gott den treulosen Israeliten klar und deutlich, dass sie nur zu ihm umzukehren brauchten, um seine Liebe und seinen Segen wieder zu bekommen.

Wir wissen natürlich, dass zu echter Buße der Bruch mit der Sünde gehört. Nachdem Hosea Gomer auf der Sklavenauktion freigekauft hatte, sagte er ihr: »Du wirst jetzt bei mir bleiben und dich mit keinem anderen Mann mehr einlassen« (Hosea 3,3; HFA).

Ganz ähnlich sagte Jesus der Ehebrecherin: »Geh und sündige nicht mehr« (Johannes 8,11).

Wie der trockene Alkoholiker oder ehemalige Drogensüchtige, werde auch ich und werden wir alle nie vor Versuchung gefeit sein. Aber in 1. Korinther 10,13 bekommen wir folgende Zusage: »Doch Gott ist treu. Er wird die Prüfung nicht so stark werden lassen, dass ihr nicht mehr widerstehen könnt. Wenn ihr auf die Probe gestellt werdet, wird er euch eine Möglichkeit zeigen, trotzdem standzuhalten.«

Kostenlos, aber nicht billig

Hosea kaufte Gomer aus der Sklaverei frei. Ähnlich hat Gott durch das Blut von Jesus uns aus der Gewalt der Sünde und des Teufels freigekauft und uns alle unsere Sünden vergeben (vgl. Kolosser 1,14). Alles, was wir tun müssen, ist, dieses Geschenk anzunehmen. Wie man das macht? Nun, ungefähr so:

Gott, ich bekenne dir, dass ich ein Sünder bin, der deine Gnade braucht. »Denn alle Menschen haben gesündigt und das Leben in der Herrlichkeit Gottes verloren« (Römer 3,23).

Ich glaube, dass du mir diese Gnade anbietest, denn du hast deinen Sohn, Jesus, ans Kreuz geschickt, um dort an meiner Stelle für meine Sünden zu sterben. »Denn Gott hat die Welt so sehr geliebt, dass er seinen einzigen Sohn hingab, damit jeder, der an ihn glaubt, nicht verloren geht, sondern das ewige Leben hat« (Johannes 3,16).

Ich nehme hiermit Jesus als meinen Erlöser und Herrn an. »Wenn du mit deinem Mund bekennst, dass Jesus der Herr ist, und wenn du in deinem Herzen glaubst, dass Gott ihn von den Toten auferweckt hat, wirst du gerettet werden« (Römer 10,9).

»Alle Kinder dürfen heim.« Alle, die möchten.

4

Hanna

Thema: Hingabe und Opferbereitschaft

Lesen Sie in der Bibel: 1. Samuel 1,1-28 und 2,18-21

Hanna saß auf der Bank neben der Hintertür und schaute zu, wie der kleine Samuel in der trockenen Gartenerde grub. Er war ständig dabei, irgendetwas zu bauen – eine Stadt, einen Tempel, einen Schafstall, in den er als Schafe kleine Steine tat.

Samuel war ein besonderes Kind – intelligent, kreativ, sanft, seinen Eltern und *Jahwe* gehorsam. Obwohl er gerne auf noch unsicheren Beinen hinter seinen älteren Halbbrüdern herlief, um an ihren wilden Spielen teilzunehmen, war er anders als die ungebärdigen Kinder von Peninna, Elkanas zweiter Frau.

Hanna schaute zu der blauen Wand des Berglands von Ephraim hoch. Irgendwo da draußen war *Jahwe*, der Gott Israels, der alles sah. Und er war nicht nur der Gott Israels, er war auch *Adonai*, ihr Herr, der sie überall sah und immer hörte. Hatte er nicht ihr Gebet erhört an jenem Abend im Heiligtum in Silo, als sie ihn so inbrünstig um einen Sohn angefleht hatte, der ihr die Schande der Kinderlosigkeit wegnehmen würde?

Elkana war stets gut zu ihr gewesen. Er hatte ihr die doppelte Menge Opferfleisch gegeben, zur Entschädigung für die Söhne, die sie nicht hatte. Aber sie wirklich verstehen, sich in ihre Gefühle hineinversetzen, konnte er nicht. Er wusste nichts von Peninnas

Sticheleien, ahnte nicht, wie Hanna sich fühlte, wenn sie in Rama auf dem Markt einkaufte und all die zufrieden lächelnden Mütter mit ihren Kinderscharen sah. Der Name *Hanna* bedeutete »Gnade«, aber die Gnade der Mutterschaft hatte Gott ihr nicht gewährt; sie hatte nicht die Kinder bekommen, die sie ihrem Mann so gerne geschenkt hätte. Doch dann, als sie wieder einmal nach Silo gegangen waren, war alles anders geworden.

Sie würde ihn nie vergessen, diesen Tag. Sie hatten die Stadt am späten Nachmittag erreicht, und das kleine Quartier, das Elkana gewöhnlich für sie mietete, war belegt gewesen. Als sie endlich eine andere Bleibe gefunden hatten, ging die Sonne schon fast unter, und sie und Peninna mussten sich beeilen, das Abendessen zu richten.

»Ich nehme an, unser guter Ehemann hat dir wieder mal doppelt so viel gegeben wie mir?«, schnappte Peninna, als sie ihren hungrig quengelnden Kindern ihre Portionen austeilte. »Ich bin diejenige, die ihm die Kinder geschenkt hat, die er so wollte, und du bist die, die er segnet. Ich bekomme nur immer noch mehr Kinder.«

Hanna wandte sich ab, damit Peninna ihren Kummer nicht sah. »Dein Segen sind doch deine Kinder«, antwortete sie leise. Sie versuchte, die Kinder anzulächeln, während sie die Holzschale mit dem Brot weiterreichte, das sie zum Teil von ihrem Anteil gebacken hatten.

»Ich weiß.« Peninnas Stimme war sarkastisch. »Und du hast keine. Ich schätze, eine doppelte Portion Fleisch und Korn ist ein schwacher Trost für eine Frau, deren Leib *Jahwe* verflucht hat.«

Hanna stellte die leere Schale wieder hin und eilte aus dem Haus. Sie wusste: An diesem Abend würde sie keinen Bissen mehr hinunterbekommen. Alles, was sie brauchte, war ein Platz, wo sie sich in Ruhe ausweinen konnte.

Elkana war ihr gefolgt. »Hanna, warum weinst du? Warum isst du nichts?«, fragte er sie, behutsam wie immer. »Bedeute ich dir nicht mehr als zehn Söhne?«

Sie hatte in seinen Armen geweint, sich von ihm zurück in das Quartier führen lassen und etwas gegessen, damit er sich nicht zu viel Sorgen machte. Sie wusste, dass er sie liebte, aber sie wusste auch, dass er sich seine zweite Frau genommen hatte, um die Kinder zu bekommen, die sie selbst ihm nicht schenken konnte.

Ich liebe Elkanas Kinder, dachte sie. *Ich liebe sie wirklich, egal, wer ihre Mutter ist. Aber ich habe keinen einzigen schönen Tag mehr gehabt, seit das erste geboren wurde und Peninna anfing, sich über mich lustig zu machen.*

Noch nie hatte Hanna sich bei Elkana über Peninnas Spötteleien beschwert, aber an diesem Abend in Silo hatte sie den Eindruck gehabt, dass sie es keine Minute mehr aushalten konnte, ihr Heim mit dieser Frau zu teilen.

Als Elkana nach draußen gegangen war, um nach den Opfertieren und den Vorräten zu sehen, war Hanna heimlich zum Heiligtum gegangen, um ihr Herz vor *Jahwe* auszuschütten.

Ohne auf den Hohenpriester zu achten, der am Eingang saß, hatte sie begonnen, zu beten. Sie betete still, ihre Lippen bewegten sich lautlos, aber ihr ganzer Körper bewegte sich mit, so inbrünstig flehte sie zu Gott.

Der Priester – jetzt, wo sie daran zurückdachte, musste sie lächeln – hatte ihre Inbrunst mit Trunkenheit verwechselt. Aber als sie ihm erklärte, dass sie aus der Not ihres Herzens zu Gott betete, hatte Eli sie gesegnet und ihr gesagt, dass *Jahwe* ihr Gebet erhören würde.

Mit neuem Lebensmut war sie zurück in das Quartier gegangen. Wenn der Hohepriester so etwas sagte, kam es einer Prophezeiung gleich. Als dann tatsächlich dieser kleine Junge zur Welt gekommen war, der jetzt vor ihr im Garten spielte, hatte sie ihn *Samuel* genannt – »der Herr hat erhört«.

Vom ersten Tag seines Lebens an hatte sie ihm die Geschichten über den Gott Israels und seine mächtigen Wundertaten ins Ohr geflüstert: den Durchzug durchs Schilfmeer, den Fall der Mauern Jerichos und schließlich seine eigene Geburt.

Es gab Hanna einen Stich ins Herz, als sie an das Gelübde dachte, das sie in jener Nacht in Silo getan hatte. »O, *Adonai*«, hatte sie gebetet, »wenn du mein Leid siehst und an mich denkst und mich nicht vergisst und mir einen Sohn schenkst, dann will ich ihn dir, Herr, geben. Sein ganzes Leben lang soll sein Haar niemals geschnitten werden.«

Den letzten Teil meines Gelübdes habe ich schon gehalten, dachte sie, während sie versonnen die dicken, schwarzen Locken des Kleinen betrachtete. *Aber jetzt ist es Zeit für den ersten Teil.* Sie konnte es nicht länger aufschieben, denn die jährliche Pilgerfahrt nach Silo stand kurz bevor.

In den letzten Tagen waren sie und Peninna fast nur mit der Vorbereitung der Reise beschäftigt gewesen, hatten Kleider, Bettzeug und Proviant gepackt, dazu Mehl und Wein; für die Opferstiere würde Elkana selbst sorgen.

Seit Samuels Geburt war sie nicht mehr in Silo gewesen, aber sie hatte Gott versprochen, dass sie ihm das Kind geben würde, sobald es entwöhnt wäre. Inzwischen war Samuel seit mehreren Wochen abgestillt, und sie konnte die Erfüllung ihres Gelübdes nicht noch länger hinauszögern.

Das Gelübde zurückzunehmen, war ihr nie in den Sinn gekommen. Sie hatte um ein Kind gebeten, *Jahwe* hatte sie erhört und jetzt wurde es ernst. Die einzige Möglichkeit, aus dem Gelübde herauszukommen, hätte darin bestanden, dass ihr Mann ihr verboten hätte, es zu halten; dann hätte Gott sie von ihm entbunden, so stand es in dem Gesetz des Mose. Aber als sie Elkana von ihrem Gebet und dem Gelübde erzählt hatte, hatte er nichts gesagt, was bedeutete, dass er zu ihrem Gelübde stand, auch wenn er dadurch einen Sohn verlor.

Nein, wir verlieren ihn nicht!, dachte sie. *Meinen kleinen Samuel verlieren – den Gedanken könnte ich nicht ertragen. Ich gebe ihn* Adonai. *Ich weiß, dass er es bei Eli und den anderen Priestern gut haben und lernen wird, Gott zu dienen. Er wird einmal ein großer Mann Gottes und Führer Israels werden.*

Vielleicht werden sie mir erlauben, ihn ein Mal im Jahr, wenn wir zum Opfern nach Silo kommen, zu sehen, dachte sie wehmütig, während sie dem Kleinen weiter zuschaute. »Was machst du da,

Samuel?«, fragte sie, während sie näher trat, um ihm liebevoll die Hand auf die Sonnenflecken in seinem rabenschwarzen Haar zu legen. Ihr Herz wollte sich zusammenziehen bei dem Gedanken, welch kurze Zeit sie ihn noch hier bei sich haben würde.

»Das ist eine Burg, *Ima,* siehst du das nicht?« Samuel klang gerade so, als ob er staunte, dass sie es nicht sah. Er zog seinen Kopf ungeduldig unter ihrer Hand weg, um weiter an seinem Werk zu bauen, dann, wie um die Geste abzumildern, lächelte er sie treuherzig an.

Was wird er denken, wenn ich ihn bei Eli lasse? Dass ich ihn im Stich lasse? Wird er es mir je vergeben, dass ich ihn nicht zurückgebracht habe zu dem einzigen Heim, das er gekannt hat, zu seinem geliebten Garten und seinen Halbbrüdern, an denen er so hängt, obwohl sie so ungebärdig und grob sein können?

Hanna schluckte den Kloß in ihrer Kehle hinunter und blinzelte zwei Tränen weg. Sie würde lange zehren müssen von den letzten paar Tagen, die sie den Kleinen bei sich hatte. Sie wollte diese Tage nicht mit Tränen füllen, sondern mit all den glücklichen Erinnerungen, die sie ihr bringen würden. Obwohl ... am liebsten hätte sie ihren Samuel an sich gedrückt und nie mehr losgelassen.

Vergib mir, Adonai, *dass ich dieses Kind so liebe. Es gehört dir, ich möchte es gar nicht anders haben. Vergib mir den Trennungsschmerz einer Mutter. Und hilf Samuel, dass er mich versteht. Und bitte,* Adonai, *gib mir die Kraft, ihn loszulassen.*

Megan

Ich legte die Kleine in die Arme von Megan, wie ich sie hier nennen möchte, und zog die Tür hinter mir zu. Ich wusste nicht, was in dem Mädchen vorging, aber ich spürte förmlich Megans Schmerz, wie sie da in dem Schaukelstuhl saß und ihr Baby an die Brust drückte, während die Tränen ihr über das Gesicht und auf die blassblaue Decke liefen.

Im Nebenzimmer wartete die Vertreterin der Adoptionsagentur. Nur noch ein paar Minuten würde Megan ihr Kind halten können – kostbare Minuten, die ihr für den Rest ihres Lebens als Erinnerung würden reichen müssen.

Ich sah im Geiste vor mir, wie sie das schlafende Kind fester an sich drückte, diesen ein Woche alten Säugling mit dem Flaum auf dem Kopf und dem Grübchen an der linken Wange. Diesen winzigen Teil von ihr selbst, von dem sie sich nie hätte träumen lassen, dass er in den wenigen Tagen, den sie ihn in den Armen gehabt hatte, ihr Herz so in Beschlag nehmen würde. *Er ist eine richtige kleine Person, ein Mensch, den es nur ein Mal gibt,* muss sie gedacht haben, wenn sie mit ihrem kleinen Finger sachte über seine weiche Wange strich.

Die Adoptionsagentur hatte ihr nicht erlaubt, dem Kind einen Namen zu geben. Das würden die Adoptiveltern machen. Aber insgeheim hatte sie den Kleinen Ray genannt, nach ihrem Vater. Die Erinnerung an den Vater des Babys versuchte sie mit aller Macht zu verdrängen.

Megan war fünfzehn gewesen, als sie sich in Brian verliebte. Die beiden hatten vor, ihren Schulabschluss zu machen, zu heiraten und miteinander glücklich zu werden. Megan glaubte an diesen Traum. Und an Brian. Sie war bereit, alles zu tun, um Brian glücklich zu machen.

Dann passierte es. Sie wurde schwanger. Sie war sicher, dass ihre Eltern sie umbringen würden, und ihren Brian gleich dazu. Aber eine Abtreibung machen, diese Frucht ihrer Liebe zu Brian töten – nein, das kam nicht infrage. Was, wenn Brian und sie einfach irgendwo zum Standesamt gingen und heirateten und die Eltern vor vollendete Tatsachen stellten?

Aber davon wollte Brian nichts wissen. Er erklärte Megan, dass er für eine Ehe noch nicht bereit war. Seine Eltern erwarteten, dass er erst studierte und etwas aus sich machte, damit sie stolz auf ihn sein konnten. Mit siebzehn Jahren eine Frau und ein Kind haben – dafür war in diesem Plan kein Platz. Er weigerte sich, sie kurzerhand zu heiraten. Aber sie konnte doch abtreiben, oder nicht? Er wäre gerne bereit, sich an den Kosten zu beteiligen. Als sie dieses Angebot ablehnte, eröffnete er ihr kaltschnäuzig, dass es aus war zwischen ihnen und dass das Kind ja vielleicht sowieso von einem anderen war.

Megan war am Boden zerstört. Wie konnte Brian so etwas denken? Sie hatte keinen anderen gehabt, und er wusste das. Sie ließ ihn gehen. Sie vertraute sich ihren Eltern an, ließ die Vorwürfe über sich ergehen und sich von ihrer Mutter in eine Schwangerschaftsberatungsstelle schleppen.

Die Beraterin riet Megan, die Schwangerschaft durchzustehen und das Kind, falls sie den Eindruck hatte, dass sie es nicht selbst aufziehen konnte, zur Adoption freizugeben. Sie sagte Megan, dass es viele Paare gab, die sich so verzweifelt ein Kind wünschten, wie sie ihres loswerden wollte. Solange das Kind nur ein Embryo irgendwo in ihrem Leib war, dachte Megan allen Ernstes, dass sie es nicht wollte.

Doch jetzt war der Zeitpunkt gekommen, dass sie es abgeben musste. Sie würde nie erfahren, wer es adoptiert hatte. Nie wissen, wo es wohnte. Wenn es seinen ersten Geburtstag hatte, würde sie ihm nicht seinen ersten Teddy schenken können oder zuschauen, wie es die allererste Geburtstagskuchenkerze ausblies. *Wahrscheinlich wird es sich den Kuchen mit beiden Händen über das Gesicht schmieren, wie meine kleinen Brüder,* dachte sie.

Würde sein Haar so goldfarben bleiben, wie es jetzt war? Wären seine Augen in ein paar Jahren immer noch blau oder grün oder braun? Sie würde es nie wissen. Sie würde seine ersten Schritte nicht mitbekommen oder sein erstes Wort hören. *Wird das erste Wort* Mama *sein? Und wer wird diese Mama sein?* Ihr eigenes Kind würde sie nie kennenlernen! Die Erkenntnis ließ ihre Tränen noch mehr fließen. Die Regeln der Adoptionsagentur verlangten, dass zum Schutze der Adoptiveltern sämtliche Bande zur leiblichen Mutter gekappt werden mussten.

»Du wirst nie erfahren, wie sehr ich dich liebe, kleiner Ray, jetzt und für immer«, flüsterte sie. *Nie würde er wissen, wie sie ihn suchte, wenn sie durch die Straßen ging, in dem Gewühl der Passanten irgendein Erkennungsmerkmal suchte, das ihr sagte, dass dieser kleine Junge, der da an der Hand dieses Mannes hing, das Kind war, das sie geboren hatte. Er würde nie erfahren, wer die Frau war, die in dem Restaurant den Kleinen, der neben seiner Mutter saß und sein Grillwürstchen verspeiste, musterte, um zu sehen, ob es nicht vielleicht* ihr *Junge war.*

Ich klopfte an die Tür und führte die Frau von der Adoptionsagentur in das Zimmer. Wir waren gekommen, um dieses letzte Zusammensein von Mutter und Kind zu beenden. Mein Herz blutete für Megan, als die Dame ihr sagte: »Es ist Zeit, Megan.« In ihrer ansonsten sympathischen Stimme schwang eine Spur Ungeduld. »Ich habe ziemlich weit zu fahren.«

Fast konnte ich Megans Gedanken lesen, als sie das Kind an sich drückte. *Das kann ich nicht! Ich habe kein Kind gewollt, aber dieses hier, ich kann es nicht abgeben, es ist doch ein Stück von mir!*

Aber die Adoptionspapiere waren unterschrieben, der Entschluss, diesem Kind ein besseres Leben zu ermöglichen, als sie ihm selbst es geben konnte, gefasst. Sie konnte schluchzen, so viel sie wollte, es blieb ihr nichts anderes übrig, als ihr Kind abzugeben und für den Rest ihres Lebens dieses schmerzende Loch in den Tiefen ihrer Seele zu ertragen.

Casey Jones

Vor hundert Jahren war es der Traum jedes kleinen Jungen, Lokführer zu werden, und einer der berühmtesten Lokführer in Amerika war John Luther Jones, der den Spitznamen »Casey« hatte, weil er aus der kleinen Stadt Cayce in Kentucky stammte. Er fuhr damals einen der schnellsten Züge des Landes, den im Volksmund »Kanonenkugel« genannten New Orleans Express.

Eines Abends im April 1900 erreichte Casey pünktlich Memphis (Tennessee), wo er feststellen musste, dass der Lokführer, der ihn ablösen sollte, erkrankt war. Casey, entschlossen, den Fahrplan einzuhalten, kletterte wieder auf den Führerstand und setzte die Fahrt nach Süden fort.

Er hatte, nach wie vor ohne Verspätung, New Orleans fast erreicht, als er sah, wie vor ihm ein liegen gebliebener Güterzug die Strecke blockierte. Es gab keine Möglichkeit, das Hindernis zu umfahren. Wenn Casey von der Lok sprang, um sein Leben zu retten, würde sein Zug mit voller Wucht auf den Güterzug auffahren und es würde viele Tote geben. Die einzige Chance der Menschen in dem Zug war, dass Casey auf seinem Posten blieb, die Bremse betätigte und mit aller Kraft festhielt.

Die Entscheidung, auf der Lok zu bleiben, um den Zug so stark wie möglich abzubremsen, kostete Casey das Leben – und rettete das Leben sämtlicher Fahrgäste sowie der Zugschaffner und des Heizers.

Der deutsche Leser wird das Lied, wie Casey Jones »auf der Kanonenkugel ins Gelobte Land flog«, wahrscheinlich nicht kennen und sein Denkmal auf dem Schulhof in Cayce nie gesehen haben. Aber Casey Jones hat uns allen wie kaum ein anderer gezeigt, was Opferbereitschaft und Hingabe ist.

Hanna verstehen

Anders als bei Batseba und Tikva, dreht sich die Geschichte von Hanna nicht um den beteiligten Mann. Auch wenn Hannas sehr liebevoller Mann seine Rolle spielt, ist die Geschichte in 1. Samuel 1–2 Hannas Geschichte.

Hanna lebte in einer Gesellschaft, die gerade so patriarchalisch war wie die zur Zeit Batsebas. Ihr Wohlergehen hing von den Männern in ihrem Leben ab. Wie Batseba, war auch sie mit einem liebe- und rücksichtsvollen Mann gesegnet, der sie glücklich machen wollte. Heute würde dies vielen Frauen genügen, aber in Hannas Welt war die Krönung des Frauseins die Mutterschaft, und Hanna wollte so gerne Mutter werden.

Es scheint, dass Hannas Unfruchtbarkeit kein Zufall war, sondern Gottes Vorsehung. Vielleicht wollte er gerade durch sie den weisen Mann hervorbringen, der der berühmteste Richter Israels werden sollte. Er wusste ganz genau, wann der richtige Zeitpunkt dafür war.

Dass Hannas Mann sich eine zweite Frau nahm, um durch sie die Kinder zu bekommen, die Hanna ihm nicht schenken konnte, machte ihre Lage noch schlimmer. Mit jedem Kind, das Peninna bekam, wurde ihre Haltung gegenüber Hanna herablassender. Hanna hatte keine Möglichkeit, sich dagegen zu wehren. Damals konnte wohl ein Mann sich scheiden lassen, aber nicht eine Frau. Wenn Hanna dem täglichen Elend mit Peninna entrinnen wollte, blieben ihr nur der Tod oder ein eigenes Kind, am besten ein Sohn.

Anstatt ihre Not ihrem Mann oder dem Richter vorzulegen, so wie Batseba ihre dem König vorgelegt hatte, ging Hanna zu dem Einzigen, der ihr Problem lösen konnte. Wenn der Gott Israels aus irgendeinem Grund, den sie nicht kannte, ihren Leib verschlossen hatte (oder »verflucht« hatte, wie Peninna das behauptete), dann konnte er ihn auch wieder öffnen. Und sie brachte ihr Anliegen direkt vor ihn.

Was für eine Art Liebe?

Was ist das für eine Liebe, die sich so verzweifelt nach einem Kind sehnt – und dann bereit ist, es Gott zurückzugeben und auf die Freude, es zu einem Erwachsenen aufziehen zu dürfen, verzichtet? Ja, mehr noch: Was für eine Hingabe und Konsequenz mag es gebraucht haben, um dieses Gelübde zu halten, als dieses so lang ersehnte Kind endlich in Hannas Armen lag?

Diese Art Liebe ist der Liebe verwandt, die eine Mutter hat, wenn sie ihr eigenes Wohl für das ihrer Kinder opfert. Der Liebe der todmüden Mutter, die nachts aufsteht, um ihr krankes oder schreiendes Kind in den Schlaf zu wiegen. Der Liebe der fast mittellosen Mutter, die selbst hungert, damit ihr Kind genug zu essen bekommt.

Der Liebe der Großmutter, die ihren wohlverdienten Ruhestand zum Unruhestand macht und ihre Enkel aufzieht.

Aber diese Liebe geht noch tiefer. Es ist die Liebe der Mutter, die ihre eigenen Wünsche, ja ihr eigenes Leben für das Wohl ihrer Kinder zurückstellt. Es ist die bis zum Tod gehende Dienstbereitschaft eines Casey Jones. Es ist die Mutter, die unter Tränen betet: »Herr, rette du meine Kinder, egal, was es kostet«, und die bereit ist, wenn es sein muss, mit ihrem Leben zu zahlen.

Es ist die aufopfernde Liebe der Hanna, die ihren unendlich kostbaren kleinen Sohn in die Obhut des allmächtigen Gottes gab, in dem Wissen, dass er es nirgends besser haben konnte als dort. Es ist die treue Liebe der Jochebed (4. Mose 26,59), die ihren drei Monate alten Mose nahe der Stelle, wo die Tochter des Pharaos badete, in einem kleinen Schilfboot am Nilufer aussetzte. Es ist die verzweifelte Liebe einer jungen, nicht verheirateten Mutter, die ihr Kind abgibt, damit dieses es im Leben besser haben kann.

Und es ist die Liebe Gottes, der seinen einzigen, geliebten Sohn opferte, um Menschen, die es nicht verdient haben, zu erlösen – in dem Wissen, dass viele Menschen diese Erlösung achselzuckend ablehnen würden.

Versprechen halten

Um den Begriff des Opfers besser zu verstehen, kann es hilfreich sein, einmal zu vergleichen, was von einem Huhn verlangt wird, das ein Ei für das Frühstück seines Herrn legt, und von einem Schwein, das ihm den Sonntagsbraten liefert. Das Ei des Huhns ist ein Tagewerk, der Schweinebraten dagegen ist in einem sehr realen Sinne das Werk eines ganzen Lebens. Hanna, Jochebed und Megan warfen ihr Leben in die Waagschale.

Oft gehen Menschen in der Hitze des Augenblicks Verpflichtungen ein, die sie eigentlich gar nicht halten können, worauf sie dann nicht selten einen Rückzieher machen. Manchmal ist es eindeutig besser, ein Versprechen nicht zu machen, wie in dem Beispiel des Richters Jeftah, das in Richter 11 geschildert wird.

Jeftah war so darauf versessen, einen Krieg für Israel zu gewinnen, dass er Gott schwor: »Wenn du mir den Sieg über die Ammoniter schenkst, will ich dem Herrn das Erste geben, das mir aus der Tür meines Hauses entgegenkommt, wenn ich wohlbehalten von den Ammonitern heimkehre. Ich will es als Brandopfer darbringen« (Richter 11,30-31).

Jeftah wird dabei an einen Hund oder ein Lamm gedacht haben. Aber wer kam ihm, tanzend und ein Tamburin schlagend, entgegen, als er dann siegreich heimkehrte? Seine Tochter, die sein einziges Kind war! In Richter 11,35 lesen wir: »Als er sie erblickte, zerriss er vor Kummer seine Kleider. ›Meine Tochter!‹, rief er aus. ›Mir bricht das Herz! Was für einen Kummer bereitest du mir! Denn ich habe dem Herrn ein Versprechen gegeben und kann es nicht mehr zurücknehmen.‹«

Auch Jeftahs Tochter fand, dass ihr Vater das Gelübde, das er Gott gegeben hatte, nicht brechen konnte, und sie bat ihn um zwei Monate Gnadenfrist, um in die Berge zu gehen und mit ihren Freundinnen zu weinen. Darauf kam sie zurück nach Hause und ergab sich in das Schicksal, das ihr Vater mit seinem übereilten Gelübde heraufbeschworen hatte.

In 4. Mose 30,3 gebietet Mose den Israeliten im Auftrag Gottes: »Wenn ein Mann dem Herrn ein Gelübde ablegt oder sich mit einem Eid dazu verpflichtet, sich von etwas zu enthalten, darf er diesen Schwur nicht brechen. Er muss alles tun, was er gelobt hat.«

Jeftah hätte sein Gelübde nicht abzulegen brauchen. Gott hatte es nicht von ihm verlangt. Aber nachdem er es einmal abgelegt hatte, musste er es halten.

Mein Freund Bobby

Dass Nichtstun manchmal geradeso verhängnisvoll sein kann wie Handeln, und Verantwortungslosigkeit genauso schlimm wie ein Versprechen, das man nicht hält, habe ich am eigenen Leibe erfahren.

Ich lernte Bobby im dritten Schuljahr kennen, als er hinter mir saß und mir schüchtern grinsend signalisierte, dass er meine Freundschaft suchte.

Er war kein besonders bemerkenswerter Schüler, weder ein Überflieger noch sonderlich beliebt. Er war einer jener netten Stillen, die man so leicht übersieht. Er war jemand, der meistens mit dabei war, aber den man nicht vermisst hätte, wenn er nicht dabei gewesen wäre.

Auf der Oberschule teilte der Lehrer, der den Journalismuskurs leitete, Bobby »meiner« Seite in der Schulzeitung zu, und ich merkte bald, dass er eine echte Bereicherung für mein Team war. Auf ihn war Verlass; er lieferte seine Nachrichten stets pünktlich und gut recherchiert ab. Er war ein fleißiger Teamspieler, der keine Lorbeeren für sich selbst erwartete.

Bobbys Vater war Alkoholiker, und schon früh bekam der Junge mit, wie seine Mutter unter diesem Mann zu leiden hatte. Manchmal war er selbst die Zielscheibe seiner Wutausbrüche. Er lernte es zeitig, durchzuhalten, zu leben, ohne zu klagen, und nicht zu viel vom Leben zu erwarten.

Als sein Vater wollte, dass er sechs Monate vor dem Abschluss die Schule abbrach und sich eine Arbeitsstelle suchte, schwankte er. Er wollte so gerne sein Zeugnis bekommen. Er dachte daran, was ihm sein Schulberater eingeschärft hatte: dass er ohne diesen Abschluss viel schwerer einen Job bekommen würde. Aber wäre es nicht besser, seinem Vater zu Willen zu sein, um den Konflikt mit ihm zu beenden?

Bobbys Klassenkameraden, hoch empört über seinen Vater, stärkten ihm moralisch den Rücken. So kam es, dass an dem Abend, als die Abschlusszeugnisse ausgeteilt wurden, einer der zwanzig Absolventen Bobby war, der stolz sein schwer erkämpftes Zeugnis in der Hand hielt.

Dann klopfte der alte Dämon seines Vaters, der Alkoholismus, auch an Bobbys Tür und zerstörte seine Karriere und seine erste Ehe. Doch wieder kämpfte er sich durch. Obwohl er sich mit meist unqualifizierten Jobs durchschlug, konnte er seine neue Frau und die Stiefkinder, die er mir eines Abends bei einer Beerdigung vorstellte, versorgen.

Bei einer Beerdigung? Ja. Wenn Eltern, Geschwister, Ehepartner oder Kinder seiner ehemaligen Mitschüler gestorben waren, war Bobby da. Er war immer für seine alten Freunde da – still, sanft, unauffällig.

Dann las ich in der Zeitung, dass er selbst gestorben war, »nach langer, schwerer Krankheit.« Er hatte Krebs gehabt. Ich hatte das gar nicht gewusst. Bobby war immer da gewesen – aber jetzt nicht mehr.

Eine Welt ohne Bobby konnte ich mir kaum vorstellen. Mein Leben und das meines Mannes und unserer Kinder ging natürlich weiter, ob mit Bobby oder ohne. Und doch: In einer Welt ohne Bobby fehlte etwas. Es war eine Welt, die einen Stillen weniger hatte, um ein schüchternes Grinsen ärmer war.

Dann kam es mir plötzlich, dass ich Bobby zwar fast mein ganzes Leben lang gekannt, gelegentlich auch für ihn gebetet hatte, aber dass ich ihm kein einziges Mal von der Liebe Gottes erzählt hatte, der seinen Sohn auf die Erde geschickt hatte, um für meine – und Bobbys – Sünden zu sterben. Die Erkenntnis traf mich mit einer solchen Wucht, dass sie mir den Atem nahm und Tränen in die Augen trieb. Wenn Bobbys Erlösung von meiner Freundschaft abhängig gewesen war, dann – ja, dann verbrachte er jetzt die Ewigkeit in der Hölle!

Ewigkeit. Das Wort klang wie das Dröhnen einer Gerichtsglocke durch mein Herz. Was für eine lange Zeit. Endlos. Für den, der unvorbereitet in sie hineinging, ewige Finsternis und Hoffnungslosigkeit.

Bobby hatte immer alles getan, um einem Freund zu helfen. Ich war seine Freundin, aber ich hatte ihn aus dieser Welt hinausgehen lassen, ohne ihm ein einziges Mal zu sagen, dass Gott uns durch das Opfer seines Sohnes Jesus die Rettung und Erlösung angeboten hat.

Bobby und ich haben oft und viel miteinander geredet. Es wäre so einfach gewesen, ihm die Wahrheit zu sagen:

> *Jeder Mensch ist ein Sünder.* (Römer 3,23: »Denn alle Menschen haben gesündigt und das Leben in der Herrlichkeit Gottes verloren.«)
>
> *Alle Sünder werden sterben.* (Römer 6,23: »Denn der Lohn der Sünde ist der Tod.«)
>
> *Jesus hat die Strafe für unsere Sünde bezahlt.* (1. Johannes 1,7: »Das Blut von Jesus, seinem Sohn, reinigt uns von jeder Schuld.«)
>
> *Wir bekommen die Erlösung, wenn wir glauben, dass Jesus für unsere Sünden gestorben ist, und ihn bitten, uns zu vergeben.* (Römer 10,9-10: »Wenn du mit deinem Mund bekennst, dass Jesus der Herr ist, und wenn du in deinem Herzen glaubst, dass Gott ihn von den Toten auferweckt hat, wirst du gerettet werden. Denn durch den Glauben in deinem Herzen wirst du vor Gott gerecht, und durch das Bekenntnis deines Mundes wirst du gerettet.«)

Warum hab ich das Bobby nie gesagt?, dachte ich, als ich meinen Platz in der Aussegnungshalle einnahm.

Der Pastor fing an, über Bobby zu sprechen. Er hatte ihn nicht lange gekannt, und ich musste traurig denken: *Ich hab ihn praktisch mein ganzes Leben gekannt, und Jesus kenne ich fast genauso lange. Aber nie bin ich auf die Idee gekommen, Bobby zu Jesus zu führen.*

Und warum nicht? Weil ich ihm nicht zu nahe kommen, ihn nicht in Verlegenheit bringen wollte? Nein, die Ausrede zog nicht. Es war mir einfach egal gewesen. Ich mochte Bobby, echt, aber meiner Verantwortung für ihn hatte ich mich entzogen. Ich hatte meinen Freund buchstäblich zur Hölle fahren lassen.

Dann begann der Pastor, über Bobbys letzte Wochen auf der Erde zu reden, und Tränen der Erleichterung strömten über mein Gesicht. Weil diesem Pastor Bobby so wichtig gewesen war, dass er ihn während seiner Krankheit besucht, ja ihm von Jesus Christus erzählt hatte, war mein alter Freund doch nicht in der Hölle, sondern daheim im Haus des himmlischen Vaters.

Und da wird er immer sein, geradeso still und lächelnd und sanft wie hier unten. Er wird den Himmel reicher machen.

In Hesekiel 3,18 sagt Gott: »Wenn ich zum Gottlosen sage: ›Du musst sterben‹, und du gibst diese Warnung nicht an ihn weiter und redest nicht mit ihm, um ihn von seinen bösen Taten abzubringen, damit er am Leben bleibt, dann wird er wegen seiner Sünde sterben, doch ich werde dich für seinen Tod zur Verantwortung ziehen.« Ich hatte Bobby nie gewarnt. Wenn er in seinen Sünden gestorben wäre, hätte Gott mich zur Verantwortung gezogen.

Zurück zu Hanna

Hannas Opferbereitschaft war eisern und unerschütterlich. Sie schwankte keinen Augenblick, wie das Ende ihrer Geschichte zeigt. Nachdem Elkana den Stier, den sie mit nach Silo genommen hatten, geopfert hatte, opferte Hanna das Beste, was eine Mutter opfern kann.

~

Hanna nahm den kleinen Samuel an die Hand. Mit dem furchtbaren Mut, mit dem Abraham Isaak den Berg hinaufgeführt hatte, führte sie ihn in das Heiligtum.

Sie trat zu Eli und sagte: »Ich bin die Frau, die hier bei dir stand und zum Herrn betete. Ich habe den Herrn gebeten, mir dieses Kind zu schenken, und er hat meine Bitte erfüllt. Jetzt gebe ich ihn dem Herrn und er soll ihm sein ganzes Leben lang gehören.«

Sie küsste Samuel zum Abschied, übergab Eli das kleine Kleiderbündel sowie ein Efa Mehl und einen Schlauch Wein, drehte sich um und ging, ohne sich umzusehen.

Tat ihr Mutterherz weh? Hatte sie einen Kloß im Hals? Sah sie zu, dass sie möglichst schnell außer Sichtweite von Samuels fragend aufgerissenen Augen kam? Schluchzte sie immer wieder haltlos auf dem Weg zurück ins Bergland von Ephraim? Natürlich!

Haben die drei Söhne und zwei Töchter, die Gott ihr danach noch schenkte, die Lücke, die Samuel, ihr Ältester, hinterließ, gefüllt? Bestimmt nicht. Wie jede Mutter, die ein Kind verloren hat, bezeugen wird, können noch so viele andere Kinder den leeren Platz dieses einen nicht füllen.

Das ganze Jahr arbeitete Hanna an einem schönen neuen Gewand für Samuel. Sie hoffte, dass sie korrekt schätzte, wie viel er wohl gewachsen war. Jeder Stich war mit einer Träne und einem inbrünstigen Gebet geschmückt. Das ganze Jahr wartete sie auf den Tag, wenn sie nach Silo reisen und ihrem größer werdenden Jungen dieses kleine Zeichen ihrer unvergänglichen Liebe schenken würde. Sie wartete auf den kurzen Besuch, wenn sie ihn für einen Augenblick an sich drücken und zuhören konnte, wie er ihr aufgeregt von seinem Unterricht im Heiligtum erzählte und von all den neuen, komplizierten Sachen, die er machte, jetzt, wo er zu groß für seine Sandburgen geworden war.

Dann kam das nächste endlose Jahr, und Hanna hütete die Erinnerung an Samuels rasche Umarmung und das Licht in seinen dunklen Augen, als er sein Dankeschön für das Gewand gemurmelt hatte. So nähte sie das Gewand für den nächsten Besuch und dachte an jedes Wort, das sie während des letzten ach so kurzen Besuchs mit ihrem Sohn gewechselt hatte.

Doch Hannas Lobgebet an Gott, das sie sprach, nachdem sie Samuel bei Eli abgegeben hatte, kam aus den tiefsten Tiefen ihrer Seele und war voller Freude. »Meine Seele freut sich am Herrn!«, begann es, »kein Fels ist wie unser Gott.«

Ich stelle mir vor, wie Hanna lange, schöne Stunden im Gespräch mit Samuel verbrachte, als er zum Mann herangewachsen und der größte Richter geworden war, den Israel je gekannt hatte. Ich stelle mir vor, wie er in seinem prächtigen Amtsgewand dort saß, die Hände ausgestreckt, um den Strang Wolle zu halten, während sie strickte, und ihr von seinen neuesten Plänen für Israel erzählte. (Wer weiß – vielleicht gab es solche Szenen wirklich.)

Die Überlieferung sagt, dass Jochebed starb, bevor Mose aus seinen vierzig Jahren in der Wüste zurückkam, um die Israeliten in das Gelobte Land zu führen. Aber ich stelle mir vor, wie er sie manchmal besuchte in diesen Jahren, wo er die Vorrechte eines Lebens im Palast des Pharaos aufgegeben hatte und seinen hebräischen Wurzeln immer näher kam. Ich stelle mir vor, wie sie ihren Tee tranken und Jochebed ahnungsvoll etwas von dem großen Mann Gottes sah, zu dem sie ihn in seinen allerersten Lebensjahren erzogen hatte.

Ich stelle mir vor, wie Megan Jahre später ihren Sohn wiedersah und dass die beiden zu einer von Liebe und Vergebung geprägten Beziehung fanden, die die Löcher in ihren Seelen füllte.

Und ich stelle mir vor, wie ich eines Tages im Himmel Bobby treffen werde und wie er mir dort vergibt. Ich weiß, er wird es tun, er ist ein Freund von dieser Sorte.

Trotzdem lässt mich das Wissen nicht los, dass Bobby, wenn er nur mich gehabt hätte, jetzt die Ewigkeit in der Hölle verbringen würde. Es lässt mich neu und ernst an die Verantwortung denken, die ich habe.

5

Rebekka

Thema: Geduld

Lesen Sie in der Bibel: 1. Mose 27

Durch die Vorhänge des Schlafgemachs ihres Mannes hörte Rebekka, wie Isaak Esau bat, Pfeil und Bogen zu nehmen und ein Stück Wild zu jagen. Es war nichts Ungewöhnliches, dass der Vater seinen Ältesten um ein Stück Wildbret bat. Aber es rieselte ihr kalt den Rücken herab, als sie hörte, wie Isaak hinzufügte: »Ich bin alt geworden und weiß nicht, wie lange ich noch zu leben habe. Bereite mir das Fleisch so zu, wie ich es gern mag, und bring es mir, damit ich es essen kann. Dann will ich dich segnen, bevor ich sterbe.«

Rebekka stöhnte auf. Isaak wollte also den Erstgeburtssegen Esau geben, der Botschaft von *Jahwe* vor der Geburt der Zwillinge zum Trotz. »Zwei Völker sind in deinem Leib, und zwei Nationen werden sich aus deinem Inneren trennen«, hatte Gott ihr gesagt, als sie ihn gefragt hatte, warum die beiden Kinder in ihrem Bauch sich so stießen. »Das eine Volk wird stärker sein als das andere, und der Ältere wird dem Jüngeren dienen.«

Wenn der Ältere dem Jüngeren dienen sollte, dann würde Esau Jakob dienen – Jakob, der Sekunden nach Esau zur Welt gekommen war und seine Ferse umklammert hatte, als ob er ihn beiseitestoßen wollte.

Jakob war fast vom ersten Tag an seinem Bruder überlegen gewesen. Er war der Erste, der Laufen lernte, und der Erste, der

Sprechen konnte. Er war ein gelehriger Schüler. Was er von Isaak und dem Großknecht und den Hirten lernen konnte, sog er wie ein Schwamm auf.

Esau waren die Schafe und Ziegen und Kamele herzlich egal. Seine Welt bestand aus der Jagd und aus seinen beiden hetitischen Frauen, die er geheiratet hatte.

Wir haben fast nichts mehr vom Leben, seit Esau die dummen Dinger ins Haus geholt hat, dachte Rebekka. Selbst Isaak ertrug es nicht, mit ihnen im gleichen Raum zu sein. Sah er wirklich nicht, was für einen Fehlgriff Esau sich mit ihnen geleistet hatte?

Wenn Isaak nur sehen könnte, wie völlig ungeeignet sein lieber Esau für die Rolle des Patriarchen war. Derjenige, der den Segen verdient hatte, war eindeutig Jakob. Jakob hatte das Zeug dazu, die Familie zu führen, ja eine ganze Nation, wenn die Verheißung *Jahwes* sich erfüllen würde. Und sie würde sich erfüllen, denn was der Gott Israels sagte, das war wahr.

Aber Isaak wollte nichts davon hören. »Das Erstgeburtsrecht gehört Esau«, hatte er ihr wiederholt gesagt, »und ich werde es niemand anderem geben, Rebekka. *Jahwe* wird es schon richtig machen mit dieser merkwürdigen Prophezeiung.«

Vom Tage der Geburt der Zwillinge an war Esau Isaaks Liebling gewesen. Er sah ihm so ähnlich mit seinem stämmigen kleinen Körper und dem dicken rötlichen Haar, mit seiner Liebe zur Natur und seiner Verachtung für alles, was »fein« war. Manchmal hatte Rebekka den Eindruck gehabt, dass Jakob seinem Vater völlig egal war.

Jakob. Er hatte das dunkle Haar, die dunklen Augen und den schlanken Körperbau ihrer Familie. Er war so sehr wie Laban in seinen jungen Jahren, dass Rebekka ihn manchmal nach dem Namen ihres Bruders nannte.

Sie hatte den charmanten kleinen Jakob vom ersten Tag an geliebt und sich gezwungen, auch den ungehobelten Esau zu lieben. Im Laufe der Jahre hatten sowohl der Junge als auch sein Vater sie immer mehr abgestoßen, und sie hatte immer mehr von ihrer Zeit und Liebe auf Jakob konzentriert.

Als sie mit Isaaks Diener Eliëser zu ihm gekommen war, um seine Braut zu werden, hatte sie Isaak ganz und gar nicht abstoßend gefunden. Sie war noch eine Teenagerin gewesen, ein halbes Kind, und unter ihrem Schleier war sie heftig errötet, als sie den muskulösen Vierzigjährigen sah, der da auf sie zukam, während die Sonne mit seinem dichten roten Lockenhaar spielte.

Isaak hatte sie zuvorkommend und freundlich behandelt, und die Liebe der beiden war stark und schön gewesen. Als die Jahre vergingen, ohne dass sie ein Kind bekam, hatte ihr Mann sich keine Nebenfrau genommen, wie die meisten Männer das taten. Sie musste versonnen lächeln, wenn sie daran dachte, wie er Gott nicht um einen Sohn für sich, sondern um ein Kind für seine Frau gebeten hatte. Und dann, nach zwanzig kinderlosen Jahren, hatte *Jahwe* ihr die Zwillinge geschenkt.

Rebekka trat zurück in den Schatten, während Esau hinausging, um den Auftrag seines Vaters auszuführen. Sie wusste, dass ihr nicht viel Zeit blieb. Sie musste jetzt handeln. Sie rief Jakob zu sich.

»Hör gut zu und tu, was ich dir sage«, flüsterte sie. »Geh hinaus zu der Herde und hole mir zwei junge Ziegenböcke, damit ich sie für deinen Vater zubereiten kann, so wie er es gerne hat. Wenn ich fertig bin, bringst du ihm das Fleisch, damit er es isst und dich segnet, bevor er stirbt.«

Als Jakob zögerte, fuhr sie fort: »Du weißt doch, wie dein Bruder sein Erstgeburtsrecht für ein Linsengericht eingetauscht hat, damals, als er von der Jagd heimkam und so hungrig war, dass er dachte, er würde sterben.«

Typisch Esau – zu denken, dass er am Verhungern war, dachte sie verächtlich. *Und dass ihm das Wertvollste, was er besaß, so wenig bedeutete. Der Erstgeburtssegen hätte ihm mindestens das doppelte Erbteil gebracht und ihn zum Haupt der Sippe gemacht.*

Jakob eilte hinaus zum Ziegenpferch. Sie hörte, wie in der Küche Jehudit und Basemat sich stritten, wer von ihnen mit dem Mittagessen an der Reihe war. *Was hat Esau in den beiden nur gesehen? Als Kind schon habe ich mehr vom Kochen verstanden, als diese Trantüten je verstehen werden. Nähen und Weben können sie überhaupt nicht. Sie sind nicht in der Lage, ein normales Gespräch in unserer Sprache zu führen. Sie sehen noch nicht einmal gut aus.*

Wie konnte Isaak es Esau nur erlauben, sich Frauen aus dem Abschaum der Kanaaniter zu holen? Warum konnte er seinem Lieblingssohn keine Frau aus unserem eigenen Volk besorgen, wie Abraham, als er Eliëser fortschickte, um mich zu suchen?

Anders als sein Bruder, zeigte Jakob keinerlei Interesse an den ungehobelten Frauen des Landes, in dem sie lebten. Schon oft hatte er es ihr gesagt: »Ich möchte einmal eine Frau wie dich haben, *Ima.* Aber woher nehmen und nicht stehlen in dieser gottverlassenen Gegend?«

»Mach dir keine Sorgen, mein Jakob«, hatte sie immer geantwortet. »Wenn die Zeit da ist, werden wir eine gute Braut für dich finden.« Inzwischen war Jakob bald vierzig und brauchte dringend eine Frau. Nun, sie würde ihm eine besorgen, eine, die einen Mann wie Jakob wert war; das wäre doch gelacht ...

Plötzlich kam ihr ein neuer Gedanke. Wenn Esau nach Isaaks Tod das Oberhaupt der Familie wurde, würde sie dann womöglich das Zelt räumen müssen, das sie bekommen hatte, als sie Isaaks Braut wurde? Würde eine von Esaus schrecklichen Frauen es für sich beanspruchen?

Ihre Großtante Sara, Isaaks Mutter, war schon tot gewesen, als Rebekka in die Familie kam, aber von dem Augenblick an, wo Isaak sie in dieses Zelt geführt hatte, hatte sie ihre Eleganz und ihren Geschmack in den feinen Stoffen und Materialien gespürt; sie dufteten förmlich nach ihr.

Die Außenhaut des Zeltes war schon lange nicht mehr schwarz, sondern von der Wüstensonne bräunlich verblichen. An mehreren Stellen war sie geflickt, aber der Stoff war durch die Winterregen immer fester und strammer geworden, bis er gerade so wasserdicht und Schutz bietend war wie eine Höhle.

Dieses Zelt ist mehr als mein Schlafzimmer geworden, dachte sie. *Es ist mein Zufluchtsort – vor der Sommerhitze, vor dem Winterregen, vor dem ständigen Gezänke von Esaus Frauen.* Der bloße Gedanke daran, was diese ungehobelten Weiber aus ihrem lieben Zelt machen würden, wollte ihr den Magen umdrehen.

Nein, es durfte nicht sein, dass Isaak den Erstgeburtssegen Esau gab! *Soll er Esau so viel segnen, wie er will, wenn er den Erstgeburtssegen Jakob gegeben hat! Den Erstgeburtssegen kann man nicht zurücknehmen.*

Sie trat in den Eingang des Zeltes und schaute hinaus. Aha, da hinten, hinter den Zelten, kam Jakob schon mit den frisch geschlachteten Ziegen.

Sie nahm ihm das Fleisch ab und begann, es in den bereitstehenden Topf mit dem kochenden Wasser zu schneiden.

»*Abba* wird es merken, dass ich nicht Esau bin, *Ima.*« Zwei Sorgenfalten erschienen über Jakobs dunklen Augen, während er zuschaute, wie seine Mutter Knoblauch, Linsen und Zwiebeln in den Topf gab.

Rebekka hörte nicht zu, sondern gab verschiedene Gewürze in den Topf. »Dies sind die letzten Gewürze, bevor die Gewürzkarawane wieder vorbeikommt«, murmelte sie. »Ich hoffe, sie kommt bald. Ohne die richtigen Gewürze ist mein Essen gerade so fade wie das von Jehudit oder ...«

»*Ima*«, unterbrach Jakob sie, »du kannst den Ziegenbraten dem Wildbret von Esau so ähnlich machen, wie du willst, *Abba* wird es merken, dass ich nicht Esau bin, wenn ich es ihm bringe. Esau ist behaart und meine Haut ist glatt. Wir riechen sogar verschieden, und seine Stimme ...«

»Beruhige dich, Jakob«, erwiderte Rebekka. »Dein Vater ist alt und schwach. Du ziehst einfach ein paar von Esaus Kleidern an, dann riechst du so wie er. Und um deine Hände und den Hals wickeln wir die Felle der Ziegen hier; wenn Isaak dann deine Hände und Hals betastet, wie er das immer macht, seit er fast blind ist, wird er dich für Esau halten.«

»*Ima,* ich finde es nicht richtig, dass ich *Abba* betrügen soll. Ich weiß, sein Liebling ist immer Esau gewesen und für mich hat er wenig übrig gehabt, aber er ist immer noch mein Vater. Er ist ein weiser und fürsorglicher Hirte, und ich habe hohe Achtung vor ihm. Ich mag ihn nicht anlügen. Was, wenn ich am Ende anstatt des Segens einen Fluch über mich bringe?«

»Jakob, wenn du mich liebst und wenn es dir nicht egal ist, was für ein Leben ich haben werde, wenn dein Vater nicht mehr ist, dann wirst du mich nicht Esau und seinen schrecklichen Frauen ausliefern. Lass den Fluch auf mich fallen. Tu einfach, was ich dir sage. Wenn dein Vater dir einmal den Segen gegeben hat, kann Esau nichts mehr daran ändern. Dieser Segen gilt, für immer.«

»Wie *Jahwe* es will«, hatte Isaak oft gesagt. Aber damit war Rebekka nicht zufrieden. Hatte *Jahwe* nicht verheißen, dass der Ältere dem Jüngeren dienen würde? Sie würde alles, was in ihrer Macht stand, tun, damit es so käme.

Wanda

Ich kletterte die steile Felswand hoch, tief unter mir die Schlucht mit dem Bach. Nach Luft keuchend, suchten meine Füße einen Halt in der senkrechten Wand. Ich war am Ende meiner Kräfte. Oder ... Ich streckte meinen freien Arm so weit aus, wie es ging, und packte den Strauch, der da aus einer Ritze im Gestein wuchs.

»Ich werde es schaffen«, murmelte ich entschlossen. »Ich schaffe das.«

Im gleichen Augenblick riss der Strauch an seiner Wurzel ab. Die Sicherheit, die er mir zu bieten schien, war eine falsche Sicherheit gewesen. Ich sah, dass die Wurzel hohl und halb verrottet war. Dann merkte ich, wie ich rutschte, dann fiel. Nichts zu machen. Ich ergab mich stumm in mein Schicksal. Ein paar Sekunden, und ich würde unten auf den Felsen aufschlagen und der Aufschlag würde mich zu Brei machen.

Dann war plötzlich eine Kraft unter mir. Sie hob mich, trug mich und ließ mich so sanft wie eine Vogelfeder sinken. Mit einem leichten Plumps kam ich auf den Felsen auf. Irgendetwas hatte mich von der Höhe der Felswand in die Tiefen der Schlucht getragen, sicher wie in Abrahams Schoß.

Ich wurde wach, atemlos und schweißüberströmt. *Wie oft hab ich gehört, dass jemand, der träumt, dass er in einen Abgrund stürzt, an Schock stirbt? Das war wohl wieder so ein Ammenmärchen …*

Nur ein Traum. Meine Erleichterung war groß. Aber gleichzeitig wusste ich, dass das, was ich da gerade erlebt hatte, mehr war als die Verarbeitung irgendwelcher unterbewussten Ängste, mehr als ein Spiel meiner überaktiven Fantasie, mehr als eine Reaktion meines Körpers auf die Spaghetti mit Tomatensoße, die ich zu Abend gegessen hatte. Dieser Traum war eine Botschaft, eine Warnung.

Ich bin normalerweise kein Mensch, der prophetische Visionen hat. »Gott, wenn du mir diesen Traum geschickt hast, dann zeig mir bitte, was er bedeutet«, betete ich, während ich mich für den Sonntagmorgengottesdienst fertig machte.

»Hier unter uns ist jemand, der meint, alles selbst zu können«, sagte der Pastor, als er an das Ende seiner Predigt kam. Er hatte keinen Schimmer, dass er meinen Traum deutete. »Ich möchte diesem Jemand sagen: Die Fähigkeiten und weltlichen Krücken, auf die du dich verlässt, sind hohl und werden das Gewicht der Lasten, die du zu tragen versuchst, nicht aushalten. Du musst diese Lasten an Gott abgeben; er wird sie für dich tragen. Alleine schaffst du es nicht.«

Es alleine schaffen – das war genau das, was ich versucht hatte. Die Lasten waren immer größer geworden – die beruflichen Aufgaben, das Kleinkind zu Hause, die beiden Größeren im Studium, die lebensbedrohende Krankheit meines Vaters und die zunehmende Senilität meiner Großmutter. Ich war entschlossen, alles zu machen, zu planen, es irgendwie zu schaffen.

»Kommt alle her zu mir, die ihr müde seid und schwere Lasten tragt, ich will euch Ruhe schenken«, las der Pastor aus Matthäus 11,28 vor. *Wie ich mich danach sehne, einfach alles loszulassen und mich in Gottes Arme fallen zu lassen, wie in meinem Traum. Nicht mehr nach Halt suchen müssen, der gar nicht da ist. Mich nicht mehr an Krücken klammern, die selbst morsch sind. Einfach Gott alles tragen lassen und in ihm ausruhen ...*

Plötzlich spürte ich, wie der Friede Gottes mich einhüllte, wie die Erleichterung, die ich beim Aufwachen gespurt hatte. Meine Situation war keinen Deut anders geworden, aber ich spürte, wie der Stress verflog. Gott war mir in einem Traum begegnet, um mir zu zeigen, dass ich ihm nicht helfen musste, die Welt zu lenken, damit alles richtig wurde. Ich brauchte ihm nur zu vertrauen und auf sein Handeln zu warten.

Macbeth

William Shakespeare schrieb dieses Drama, das lose an eine Epoche der schottischen Geschichte anknüpft. Sie kennen die Handlung: Macbeth, ein schottischer Adliger, trifft auf dem Heimweg von einem erfolgreichen Feldzug in der Wildnis drei Hexen, die ihm prophezeien, dass er der König von Schottland werden wird, obwohl er in der Reihe der Thronanwärter nicht an erster Position steht.

Als er diese Prophezeiung seiner Frau, Lady Macbeth, berichtet, kann diese es nicht erwarten, Königin zu werden, und überredet ihren Mann, der Prophezeiung nachzuhelfen.

Als König Duncan das nächste Mal zu Gast auf Macbeths Schloss ist, ermorden Lord und Lady Macbeth ihn in seinem Bett. Ihre beiden Söhne fliehen voller Entsetzen und werden des Mordes bezichtigt. Macbeth wird zum neuen König gekrönt.

Aber die Krone bleibt nicht lange auf Macbeths Haupt. Weil er Duncan im Schlaf ermordet hat, kann er selbst nicht mehr schlafen. Er streift ruhelos durch die Gänge des Schlosses und murmelt: »Macbeth hat den Schlaf getötet.« Vom Verfolgungswahn getrieben, geht er daran, alle um ihn herum, die eine Bedrohung für seinen Thron darstellen könnten, zu ermorden.

Lady Macbeth, die diese Morde wahnsinnig gemacht haben, geistert als Schlafwandlerin durch das Schloss und versucht, ihre Hände rein zu bekommen; aber das Meer selbst, so jammert sie, könnte sie nicht von dem Blut reinigen, das mit ihrer Hilfe vergossen worden ist.

Bald stirbt Lady Macbeth, und ihr Mann wird auf dem Schlachtfeld von Macduff getötet, aus Rache für Macbeths Mord an seiner Frau und seinen Kindern. Duncans Sohn Malcolm nimmt seinen rechtmäßigen Platz auf dem Thron ein.

Wenn Macbeth und seine Frau darauf gewartet hätten, dass die Prophezeiung sich auf natürliche Weise erfüllte, wäre ihre Herrschaft dann lange und glücklich gewesen? Aber hätte sich die Prophezeiung überhaupt erfüllt, wenn sie ihr nicht nachgeholfen hätten?

Shakespeares Drama gibt uns keine Antworten auf diese Fragen. Wir wissen nur, dass Lord und Lady Macbeths Versuch, das Schicksal in ihre eigene Hand zu nehmen, zum Untergang führte.

Rebekka verstehen

Auch Rebekka hätte etwas geduldiger sein und darauf warten können, dass Gott selbst die Verheißung, dass ihr älterer Sohn dem jüngeren dienen würde, erfüllte. Es war eine Prophezeiung, die nicht aus dem Munde irgendwelcher Hexen kam, sondern aus dem Mund Gottes selbst, und Rebekka konnte sicher sein, dass sie sich erfüllen würde.

Als junges Mädchen war Rebekka, die Enkelin von Abrahams Bruder Nahor, freundlich und zuvorkommend gewesen; man lese die Szene, wie sie die Kamele Eliësers tränkte, als er an ihren Brunnen kam. Es scheint, dass ihre Meinung bei den Männern ihrer Sippe etwas zählte. Als Eliëser mit Isaaks Heiratsangebot kam, fragten ihr Vater und Bruder sie, bevor sie ihre Zustimmung gaben. Das war in der damaligen patriarchalischen Gesellschaft eine kleine

Sensation – aber es war Rebekka selbst, die die Entscheidung traf, ihre Heimat zu verlassen und nach Kanaan zu gehen, um einen Vetter zu heiraten, den sie noch nie gesehen hatte.

Im Laufe der Jahre scheinen sie und Isaak sich auseinandergelebt zu haben, und sie lernte die Kunst, ihren Mann so zu manipulieren, dass er ihr das gab, was sie wollte. Das Ränkeschmieden wird ihr zur zweiten Natur geworden sein. Wenn Rebekka etwas wollte, setzte sie alle Hebel in Bewegung.

Was wäre, wenn?

Wie hätte sich die Verheißung erfüllen können, wenn Rebekka nicht ihre Intrige geschmiedet hätte, um sicherzustellen, dass Jakob den Segen bekam, sondern auf Gott gewartet hätte?

Was wäre gewesen, wenn Isaak zu der Überzeugung gekommen wäre, dass *Jahwes* Verheißung und Esaus Missachtung seines Erstgeburtsrechts bedeuteten, dass er den Segen besser seinem um ein paar Sekunden jüngeren Sohn gab?

Was wäre gewesen, wenn Esau beschlossen hätte, sich die Pflichten, die der Erstgeborene zu übernehmen hatte, nicht aufzuhalsen, und zugunsten von Jakob verzichtet hätte, um weiter die Freiheit zu haben, als Jäger durch die Wildnis zu streifen?

Was wäre gewesen, wenn Isaak wegen purer Altersschwäche und Senilität aus Versehen Jakob statt Esau den Segen gegeben hätte?

Es war von Anfang an Gottes Plan, dass der Messias aus der Linie Jakobs kommen sollte. In seiner Allmacht wusste er, dass Jakob der klügere der beiden Zwillinge wäre und letztlich auch der geistlichere. Er wäre geeigneter als Esau, den Vorfahren von Jesus abzugeben.

Alles, was Rebekka hätte tun müssen, war, sich in den Willen Gottes zu ergeben und darauf zu warten, dass er sich erfüllte. In Johannes 8,44 nennt Jesus den Teufel den »Vater der Lüge«. Rebekka begab sich in gefährliche Gesellschaft, als sie, ähnlich wie Macbeth, beschloss, die Sache selbst in die Hand zu nehmen.

Auf Gott warten

Die Bibel ist voll von Aufforderungen, auf Gott zu warten:

> Doch die, die auf den Herrn warten, gewinnen neue Kraft. Sie schwingen sich nach oben wie die Adler. Sie laufen schnell, ohne zu ermüden. Sie werden gehen und werden nicht matt (Jesaja 40,31).

> Denn der Herr ist ein Gott des Rechtes; wohl denen, die auf ihn warten (Jesaja 30,18; EU).

> Vertraue auf den Herrn! Sei mutig und tapfer und hoffe geduldig auf den Herrn! (Psalm 27,14).

> Ich hoffe auf den Herrn von ganzem Herzen, und ich vertraue auf sein Wort. Ich warte auf den Herrn, mehr als die Wachen auf den Morgen (Psalm 130,5-6).

Die ganze Menschheitsgeschichte hindurch ist das Warten ein wichtiger Teil der Beziehung zwischen Menschen und Gott gewesen. Wie Hanna und Rebekka mussten bereits Abraham und Sara darauf warten, dass Gott ihnen einen Sohn schenkte (1. Mose 15,4 und 21,1-2). Die Israeliten mussten 430 Jahre warten, bis Gott sie aus Ägypten befreite (2. Mose 12,40-41). Anschließend mussten sie vierzig Jahre in der Wüste warten, bis Gott sie in das Gelobte Land hinein ließ (Josua 1–3). Die Apostel mussten in Jerusalem warten, bis Gott ihnen den Heiligen Geist schickte, der ihnen die Vollmacht gab, in alle Welt hinauszugehen und das Evangelium zu verkündigen (Apostelgeschichte 1,4-8 und 2,1-4).

Amerika musste bis 1776 auf Gott warten, bis es eine Nation wurde. Die Juden mussten bis 1948 darauf warten, dass Gott sie als Nation wieder auferstehen ließ. Und nach Römer 8,19 »wartet die ganze Schöpfung sehnsüchtig auf jenen Tag, an dem Gott offenbar machen wird, wer wirklich zu seinen Kindern gehört«.

Ich persönlich habe gelernt, dass zum Warten auf Gott mehr gehört als der stoisch resignierte Entschluss, sich damit abzufinden, dass es bei Gott eben manchmal länger dauert. Echtes Warten auf Gott ist eine aktive Erwartung, ein festes Vertrauen darauf, dass er eine Verheißung erfüllen oder ein Bedürfnis stillen wird, wenn die Zeit dafür reif ist.

Gott hatte Rebekka gesagt, dass Esau Jakob dienen würde. Vielleicht bezweifelte sie, dass er diese Verheißung wirklich erfüllen würde? Aus irgendeinem Grund hatte sie den Eindruck, dass sie Gott auf die Sprünge helfen musste – auf *ihre* Art, nach *ihrem* Zeitplan.

Ich muss gestehen, dass ich selbst Rebekka sehr ähnlich bin. Sind wir das nicht fast alle? In unserer heutigen Welt muss alles schnell gehen: das Essen im Restaurant, die Fahrt in den Urlaub, die Kommunikation per Telefon oder E-Mail. Wir kochen unseren Eintopf nicht mehr langsam, über dem offenen Herdfeuer. Wir fahren nicht mehr mit dem Schiff nach China. Gott soll gefälligst genauso schnell sein; er soll uns sofort helfen und seine Verheißungen umgehend erfüllen.

Ein pünktlicher Gott

Ich könnte mir viele unnötige Sorgen ersparen, wenn ich nur immer daran denken würde, dass Gott ein Gott ist, der sein Wort hält. Er wird mein Gebet vielleicht nicht so schnell erhören, wie ich mir das vorstelle, aber er wird es genau zum richtigen Zeitpunkt tun. Gott kommt nie zu spät. Aber auch nie zu früh. Haben Sie das auch schon gemerkt?

Ein Prediger erzählte einmal, wie er einen Ruf von Gott erhalten hatte, seine Heimatstadt in Texas zu verlassen und der Leiter eines kleinen christlichen College in Kentucky zu werden. Das Problem war nur, dass er die finanziellen Mittel für den Umzug nicht hatte. Er war sich seiner Berufung sicher, aber seine Gebete um finanzielle Hilfe schienen nur bis zur Zimmerdecke zu gehen.

Als draußen schon der Möbelwagen vorfuhr, ging der Prediger zum letzten Mal an seinen Briefkasten. In dem Briefkasten war ein Umschlag, und in dem Umschlag ein Scheck von einem unbekannten Spender, der exakt die Kosten des Umzugs abdeckte, plus 42 Cent. »Die Umzugsfirma muss sich in ihrer Rechnung um 42 Cent vertan haben«, lachte der Prediger.

Ich bin kein sehr geduldiger Mensch. Wie Rebekka bin ich nicht gut im Warten. Aber je mehr ich es übe, umso besser werde ich. Ich habe es gelernt, die Wartezeit damit zu verbringen, dass ich Gottes Wort lese, ihn lobe und ihm für alles danke, was er gemacht hat – alles, von der Schönheit eines Regenbogens bis zu der genialen Struktur unserer Gene.

Dann merke ich auf einmal, oft wie nebenbei, dass Gott mich erhört hat und dass mein Problem gelöst ist. Ja, das Leben wird einfacher, wenn wir »Gott ranlassen«.

Wir brauchen Begegnungen mit Gott

Manchmal beneide ich sie, die enge Freundschaft, die Männer wie Abraham und Mose mit Gott genossen. Ihre Geschichten zeigen uns, dass wir eine Begegnung mit unserem Schöpfer brauchen, die mehr ist als der einfache Akt des Glaubens, wenn wir Jesus als unseren Erlöser annehmen. Wir brauchen eine Begegnung mit Gott, die uns verändert, die uns in eine tiefere Beziehung zu ihm bringt.

Bevor Abram den verheißenen Sohn bekommen konnte, hatte er eine Begegnung mit Gott, die aus Abram Abraham machte (1. Mose 17,5). Bevor Jakob seinen endgültigen Segen bekommen konnte, hatte er eine Begegnung mit Gott, die aus Jakob Israel machte (1. Mose 32,29).

Mose begegnete Gott an dem brennenden Dornbusch, und aus einem Schäfer wurde der Führer eines Volkes (2. Mose 3–4). Bevor die Israeliten in das verheißene Land ziehen konnten, mussten sie durch viele Begegnungen mit Gott in der Wüste verändert werden. Jesaja musste durch eine glühende Kohle auf seinen Lippen verändert werden, bevor er zum Sprachrohr Gottes werden konnte (Jesaja 6,5-6).

Zurück zu Rebekka

Rebekkas Problem war, dass sie zwar eine Begegnung mit Gott gehabt hatte, aber dass diese Begegnung sie nicht verändert hatte. Sie schnappte sich gleichsam die Verheißung und rannte mit ihr davon. Indem sie die Erfüllung in ihre eigene Hand nahm, blockierte sie die Hilfe, die Gott ihr hätte geben können, und machte aus einem Segen einen Albtraum.

Auch Isaak war nicht ganz unschuldig. Er ignorierte Gottes Wort, dass Esau seinem jüngeren Bruder dienen würde. Er missachtete die Tatsache, dass Esau sich zwei heidnische Frauen genommen hatte. Am allerschlimmsten war, dass er keinen Versuch unternahm, Gottes Willen in dieser Angelegenheit herauszufinden.

Rebekka, die durch ihre Entschlossenheit, Jakob den Segen zu verschaffen, nicht weniger verblendet war als Isaak, hatte Esaus so heftige Reaktion auf den Diebstahl seines Erstgeburtsrechts durch seinen Bruder nicht vorhergesehen. Sie hatte gedacht, dass es ihm schlicht egal war. Hatte er es vor einiger Zeit nicht gegen eine Portion Eintopf eingetauscht?

Isaak wie Rebekka sahen nicht mehr, warum Gott eine Generation zuvor beschlossen hatte, aus der Linie Abrahams ein großes Volk werden zu lassen. Es sollte ein gottesfürchtiges und gerechtes Volk werden, eines, das im Glaubensgehorsam mit Gott ging und durch das er den Messias senden konnte. Alles, was dieses Volk tun musste, war, Gott zu vertrauen und seinem Willen gehorsam zu sein.

Sechzig Jahre zuvor hatte Rebekka ein solches Vertrauen gehabt, dass sie bereit war, sich von einem unbekannten Diener in ein unbekanntes Land bringen zu lassen, um dort einen Mann zu heiraten, den sie noch nie gesehen hatte. Doch jetzt war sie kein Mensch mehr, der vertraute. Als sie sah, wie Esau aus Isaaks Gemach stürmte und laut schwor, Jakob umzubringen, sobald der alte Vater nicht mehr war, war sie davon überzeugt, dass sie wieder handeln musste.

Sie eilte aus dem Zelt hinaus, um Jakob zu suchen. Sie fand ihn, am ganzen Leib zitternd, in einer Ecke des Schafstalls. Sie sagte ihm: »Flieh sofort zu meinem Bruder Laban in Haran und bleibe eine Weile dort. So lange, bis der Zorn deines Bruders verraucht ist. Wenn er dir nicht mehr nach dem Leben trachtet und die Sache vergessen hat, werde ich dir eine Nachricht schicken, dass du zurückkommen kannst.«

Sie ging zu dem Brunnen und holte einen Eimer frisches Wasser herauf. Dann ging sie in Isaaks Schlafgemach, einen Becher kaltes Wasser in der Hand. Sie seufzte laut, als sie ihm das Wasser reichte. Sie schaute zu, wie er den Becher leerte, und als sie ihn ihm aus der Hand nahm, seufzte sie wieder.

»Du bist so bedrückt, Rebekka, hast du etwas?«, fragte Isaak endlich. »Dein Gesicht kann ich nicht sehen, aber ich höre an deiner Stimme, dass dir nicht gut ist. Was ist los?«

»Ich kann diese hetitischen Frauen nicht mehr ertragen!« Sie setzte sich neben ihn auf sein Lager. »Wenn auch noch Jakob sich eine Frau aus den Frauen dieses Landes nimmt, dann mag ich nicht mehr leben!«

»Schicke ihn zu mir«, befahl Isaak. »Ich werde dafür sorgen, dass er so etwas nicht tut.«

Rebekka trat in den Eingang des Zeltes und winkte Jakob, hereinzukommen. Sie blieb vor dem Vorhang stehen, um mitzuhören, was Isaak seinem Sohn sagte.

Plötzlich wurde Isaaks Stimme laut und eindringlich. »Nimm dir keine kanaanitische Frau! Geh nach Paddan Aram, jetzt sofort, zu dem Haus deines Großvaters Betuël, und nimm dir eine der Töchter Labans, des Bruders deiner Mutter, zur Frau.«

Rebekka horte, wie Isaak Jakob segnete und auf seine Reise schickte. Als er aus dem Gemach seines Vaters herauskam, umarmte sie ihn, reichte ihm das Bündel für seine Reise und verabschiedete sich hastig von ihm. Von irgendwo draußen kam die Stimme Esaus, der seinen Frauen zurief, einen Topf Wasser für das Wild, das er erlegt hatte, zu erwärmen.

Rebekka schluckte und wischte sich über die Augen, als sie Jakob hinterherschaute, wie er über die Felder raschen Schrittes nach Norden ging, in die umgekehrte Richtung wie die, aus der Esau kam.

Wie werde ich ihn vermissen, dachte sie. *Aber es muss sein. Irgendwann, wenn er zu mir zurückkommt, mit einer Frau aus unserem eigenen Volk, werde ich ihn wieder in den Armen halten können. Und vielleicht auch seine Kinder.*

Was Rebekka nicht wusste, als sie Jakob fortschickte, war, dass sie damit eine Kettenreaktion von Ereignissen in Gang setzte, die ihn für die nächsten zwanzig Jahre in Nordsyrien festhalten würden. Mit ihrem Intrigenspiel hatte sie sich für immer von dem einzigen Menschen in ihrem Leben, den sie wirklich liebte, getrennt. Schon lange, bevor Jakob mit seinen Frauen und Kindern nach Kanaan zurückkehren würde, würde sie neben Abraham und Sara in der Grabhöhle in Machpela liegen.

Trotz all ihrer Pläne, Kniffe und Manipulationen – oder vielmehr wegen ihnen – verbrachte Rebekka ihre letzten Lebensjahre einsam und unzufrieden in der Gesellschaft Esaus und seiner Frauen, und sehnte sich vergeblich danach, ihren geliebten Sohn noch einmal sehen zu dürfen.

Das Ende von Rebekkas Geschichte hätte so ganz anders sein können, wenn sie auf Gott gewartet hätte, anstatt zu Lügen und Ränken zu greifen, um seine Verheißung selbst zu erfüllen. Hätte sie ihrem Lieblingssohn nicht das Lügen und Betrügen beigebracht, wäre er vielleicht nicht selbst zum Opfer des Betrugs geworden, als Laban ihn als billigen Arbeiter und Schwiegersohn über den Tisch zog. Er hätte dann vielleicht schon Jahre früher zurückkommen können. Rebekka wollte besonders schlau sein – und betrog sich selbst um die Gegenwart ihres Lieblingssohnes und seiner Kinder.

Später hatte Jakob dann jene Begegnung mit Gott, die aus dem Erzbetrüger einen Erzvater machte. Aber er erlebte die ganze Realität von Galater 6,7: »Täuscht euch nicht! Macht euch klar, dass ihr Gott nicht einfach missachten könnt, ohne die Folgen zu tragen. Denn was ein Mensch sät, wird er auch ernten.«

Jakob erntete die Konsequenzen seines Betrugs, indem er selbst zum Betrogenen wurde – nicht nur durch Laban, sondern auch durch zehn seiner eigenen Söhne. Er verbrachte sein Alter als Trauernder, weil er ihrer Lüge glaubte, dass sein Lieblingssohn, Josef, von wilden Tieren zerrissen worden war.

»Was ein Mensch sät, wird er ernten.« Rebekka musste dies bitter erfahren. Ich möchte diesen Satz nicht vergessen.

6

Abigajil

Thema: Mut

Lesen Sie in der Bibel: 1. Samuel 25,14-42; 2. Samuel 3,3

»Herrin, ihr müsst etwas tun, schnell!«, rief der Diener, während er sich nach Atem ringend vor ihr verneigte. »Der vogelfreie David und Hunderte seiner Männer sind im Anzug!«

»Was hat Nabal gemacht?«, fragte Abigajil, die gerade dabei war, frische Brotfladen für das Schafschurfest in Körbe zu packen. »Davids Männer haben unsere Tiere und Hirten doch immer vor Räubern beschützt. Was haben sie auf einmal gegen uns?«

»David wusste, dass wir Schafschur haben«, erklärte der Diener. »Und da hat er einige seiner Männer geschickt, um den Herrn zu grüßen und um etwas Proviant zu bitten. Das war nur recht und billig, sie sind ja gut zu uns gewesen. Aber der Herr hat sie laut verflucht und mit leeren Händen fortgeschickt.«

Mein Nabal hat uns mit seiner Dummheit in die allergrößte Gefahr gebracht. Aber was kann ich machen? Jahwe, *Gott Israels, hilf mir!*

»Ihr wisst, wie der Herr ist, Herrin, niemand kann mit ihm reden. Da bin ich also gerannt, um euch zu melden, dass David sehr zornig ist. Er und seine Männer haben Schwerter dabei. Sie wollen uns alle umbringen.«

»Schnell!«, befahl Abigajil. »Hilf mir, einen Teil dieser Sachen hier auf Esel zu laden. Wir werden sie nicht für Nabals Fest verwenden, sondern zu David bringen. Gebe Gott, dass es noch nicht zu spät ist.«

Während die Diener die Esel beluden, zählte Abigajil: 200 Fladen Brot, zwei Schläuche Wein, fünf zubereitete Schafe, fünf Sea geröstetes Korn, 100 Rosinenkuchen und 200 Feigenkuchen. Sie betete, dass es genügen würde.

»Geht ihr voran«, befahl sie den Dienern, während sie den letzten Esel bestieg. »Ich komme nach.« Keinen Augenblick dachte sie daran, ihrem Mann zu sagen, was sie vorhatte. Er war es schließlich gewesen, der sie in diese schreckliche Lage gebracht hatte.

Davids Taten waren legendär, von seinem Triumph über den Philister-Riesen Goliat bis zu seinen Heldentaten auf dem Schlachtfeld. Manchmal schaute sie von ferne zu, wie er sich mit seinen Männern maß. Die Sonne hob die roten Strähnen in seinem dunklen Haar noch mehr hervor. Was für ein Krieger! Wie stolz sein Vater und seine Mutter auf ihn sein mussten.

Als junge Ehefrau hatte sie sich nach einem Sohn gesehnt. Inzwischen war sie froh, dass *Jahwe* ihr durch Nabal keine Kinder gegeben hatte. Einen Sohn aufziehen, der wie Nabal war – der bloße Gedanke war ein Albtraum.

Seit dem Tag, als ihr Vater ihr eröffnet hatte, dass er für sie eine Heirat mit einem wohlhabenden Schafzüchter arrangiert hatte, war sie diesem Handel treu geblieben, und sie hatte vor, auch in Zukunft treu zu bleiben.

Sie seufzte. *Das Leben mit Nabal ist nicht einfach gewesen. Die Jahre haben ihn noch ungehobelter, lauter und gemeiner gemacht, und jedes Jahr scheint er öfter betrunken zu sein.*

Sie hatte es gelernt, den Mann zu verachten, aber sie wusste, wie sie ihn zu nehmen hatte. Wenn sie ehrlich war, hatte sie es zumindest materiell bei ihm nicht schlecht. Sie betete zu Gott, dass es ihr gelingen möge, den Mann, dem sie gerade entgegenritt, versöhnlich zu stimmen. Diesmal ging es nicht nur, wie so oft schon, darum, das Gesicht zu wahren, diesmal ging es ums Ganze – um das nackte Leben.

Als sie auf ihrem Esel in eine Bergschlucht ritt, sah sie sie. David und seine Männer, mit Schwertern bewaffnet. Sie kamen ihr genau entgegen. *O,* Jahwe, *hilf mir, seine Gunst zu gewinnen,* betete sie stumm, während sie von ihrem Esel sprang und zu David eilte.

Sie fiel ihm zu Füßen. »Mein Herr, bitte höre an, was deine Dienerin zu sagen hat!«, rief sie. »Achte nicht auf diesen bösen Nabal. Sein Name bedeutet ›Narr‹, und das ist er auch! Ich, deine Dienerin, habe die Männer, die du sandtest, nicht gesehen.«

David sah sie an. In seinen Augen blitzte der Zorn, aber er hatte sein Schwert nicht erhoben, sondern hörte ihr zu.

Abigajil fuhr fort: »Der Herr hat dich davon abgehalten, dich mit deinen eigenen Händen zu rächen. Mögen alle deine Feinde wie Nabal sein. Und erlaube deiner Dienerin, dieses Geschenk, das sie mitgebracht hat, den Männern zu geben, die dir folgen.«

David schwieg weiter. Seine wachen Augen fuhren über die Vorräte, die Abigajil dabeihatte, dann bohrten sie sich in ihre Augen.

»Bitte vergib mir, Herr. Der Herr wird deinem Haus Bestand geben, weil du seine Kriege kämpfst, das weiß ich gewiss.« Und Abigajil beschrieb wortreich, wie Gott Davids Leben bewahren und das seiner Feinde vernichten würde.

Sie wusste nicht, woher ihr die Worte kamen – vielleicht von *Jahwe* selbst –, aber sie sprudelten von ihren Lippen wie Wasser aus einem Regenrohr. Und David hörte ihr weiter zu.

»Wenn der Herr all das Gute, das er meinem Herrn verheißen hat, erfüllt und ihn zum Herrscher über Israel gemacht hat, dann wird das Gewissen meines Herrn unbelastet sein, weil er nicht sinnlos Blut vergossen und sich eigenmächtig gerächt hat. Und wenn der Herr meinem Herrn all dies Gute getan hat, dann gedenke deiner Dienerin.«

Sie hielt an. Der Atem war ihr ausgegangen, die Worte auch. David trat mit ein paar raschen Schritten zu ihr und nahm ihre Hände.

»Gepriesen sei der Herr, der Gott Israels, der dich heute zu mir geschickt hat«, sagte er leidenschaftlich. »So wahr der Herr, der Gott

Israels, lebt, der mich davon abgehalten hat, dir etwas anzutun: Wenn du mir nicht so schnell entgegengekommen wärest, wäre morgen früh unter den Leuten Nabals kein einziger Mann mehr am Leben gewesen.«

David drehte sich zu seinen Männern um und befahl ihnen, die Geschenke anzunehmen. Dann sah er Abigajil wieder an. »Gehe in Frieden heim. Ich habe deine Worte gehört und werde deine Bitte erfüllen.«

Abigajil war dankbar für den Esel, auf dem sie nach Hause reiten konnte, denn ihre Knie waren so weich, dass sie ihr beim Laufen den Dienst versagt hätten. *Woher habe ich den Mut bekommen, zu diesem mächtigen Krieger so zu reden? Er hätte mich mit einem Hieb seines Schwertes niedermachen, sich die Vorräte nehmen und uns anschließend alle umbringen können, wie er es vorgehabt hatte.* Aber das hatte er nicht getan. Es gab nur eine Erklärung: *Jahwe*, der Gott Israels, der ihr ihre Aktion eingegeben hatte, hatte sie beschützt.

Als sie die Schafpferche erreichte und von ihrem Esel abstieg, begrüßten sie Musik und ausgelassenes Lachen. Die Schafschur war beendet, das Feiern hatte begonnen. Aber wo war Nabal? Sie verließ das Lager der Schafscherer und ging, den Esel am Zügel, zu dem Hof hinüber. Aus dem Wohnhaus kam ebenfalls Musik und Lachen. Sie trat ein. Am Kopf des langen Tisches saß – oder besser: hing – Nabal. Seine Augen waren bereits halb glasig. Mit nuschelnder Stimme schrie er den Dienern zu, mehr Wein zu bringen.

Abigajil spürte, wie der Ekel ihr wie Galle hochkommen wollte. Sie wusste: Solange ihr Mann in diesem Zustand war, war es sinnlos, ihm zu berichten, wie kurz davor sie alle gestanden hatten, abgeschlachtet zu werden wie die Schafe, die sie für dieses Fest gebraten hatten.

Gott, danke, dass du mein Bemühen wieder gesegnet hast! Aber ich bin es müde, so müde, diesem Haushalt vorzustehen mit einem Ehemann, der solch ein Narr ist!

Gut, wenn er nüchtern war, war Nabal ein kluger Geschäftsmann. Er war nicht umsonst so reich geworden und nannte Tausende von Schafen sein Eigen. Er hatte sich ein prächtiges Haus gebaut und es mit geschmackvollen Möbeln gefüllt. Er hatte zahlreiches Hausgesinde; allein Abigajil hatte fünf Mägde. Aber ein angenehmer Mann war er selbst in seinen besten Stunden nicht.

Jetzt grapschte er nach dem Dienstmädchen, das ihm den Wein nachgoss. Nicht mehr lange und er würde umkippen und die Diener würden ihn ins Bett tragen.

Sie merkte, wie sie sich vorzustellen versuchte, wie es wäre, wenn nicht Nabal, sondern David am Kopf des Tisches säße. *Hör auf, jetzt wirst du so dumm wie Nabal,* rief sie sich zur Ordnung. Hatte sie nicht gehört, dass auch David ein Auge für die Mädchen hatte? *Männer sind Männer,* dachte sie wegwerfend, während sie zu den hinteren Gemächern des Hauses ging. Sie war zu erschöpft, um mitzufeiern.

Sie trat in ihr Schlafzimmer und betrachtete zufrieden ihre purpurroten und blauen Seidentücher und Leinengewänder. Großzügig war Nabal, das musste man ihm lassen, aber all die schönen Kleider waren kein Ersatz für sein hartes Herz.

Aber du bist nun mal mit ihm verheiratet. Du wirst weiter seinem Haus vorstehen, seine Fehler glattbügeln und die Menschen, die er mit seinen dummen Worten beleidigt hat, besänftigen. Bis du alt und klapprig bist.

Die Jahre, die noch vor ihr lagen, schienen ihr auf einmal unendlich zu sein. Monat für Monat, Woche für Woche, Tag um Tag seelische Schwerstarbeit, um es einem Mann recht zu machen, dem man es nicht recht machen konnte. Was sie auch tat, immer lag dieses verächtliche Grinsen auf seinen Lippen, diese spöttische Kälte in seinen Augen.

Wenn es Nabal nicht gäbe ... Aber er ist nun mal da, und du wirst ihm so lange gehören, bis der Erste von euch stirbt. O, Jahwe, *hilf mir, dieses Elend zu ertragen ...*

Ellen

Ich möchte die beiden Ron und Ellen nennen. Sie waren gute Nachbarn, seit sie vor sechs Jahren mit ihren beiden Töchtern, Allison und Malinda, in das Haus neben uns gezogen waren. Seitdem waren noch zwei Kinder, Katie und Caleb, dazugekommen.

Nach Feierabend oder am Wochenende sah ich Ron oft, wie er den Rasen um ihr hübsches Haus mähte oder manches reparierte. Manchmal fuhr er mit Malinda im Auto weg, wahrscheinlich zum Sporttraining oder zu einem Spiel. Wenn am Samstag das Wetter gut war, lud er seine Golfschläger in den Kofferraum und fuhr zum Golfplatz.

Ellen nahm sich selten Zeit für sich selbst. Sie war eine jener Familienfrauen, die kaum zu Hause waren. Wenn sie nicht zum nächsten Elternabend oder zum Frauenfrühstück in der Kirche fuhr, musste sie zum Großeinkauf in den Supermarkt oder chauffierte die Kinder zum Klavierunterricht oder zu einem Konzert.

An meinen Backtagen brachte ich Ellen oft eine Dose Plätzchen oder einen Kuchen oder was immer ich gebacken hatte, die wir dann gleich bei einer Tasse Tee probierten. So war ich dabei, als eines schönen Tages die fünfjährige Katie durch die Haustür gestürmt kam und geradewegs die Treppe nach oben auf ihr Zimmer rannte; ihr zerschlissener Plüschaffe, den sie an einem Arm hielt, hopste unwillig über die Stufen.

»Katie?«, rief Ellen. Komisch, sonst kam das Mädchen, wenn es von der Vorschule heimkam, doch immer direkt zu ihr in die Küche, um etwas zu essen.

»Mama, ich brauche morgen ein altes Hemd, für den Kunstunterricht«, verkündete Allison, während sie, meine frisch gebackenen Plätzchen verschmähend, zum Kühlschrank ging und zwei Möhren und eine Flasche Wasser herausholte.

»Mama, Caleb hat seine Milch verschüttet«, rief Malinda aus dem Wohnzimmer.

»Er weiß doch, dass er mit der Milch nicht ins Wohnzimmer

darf«, seufzte Ellen. Sie drehte sich zu mir. »Aber wie soll man einen Dreijährigen erziehen, wenn sein Vater sich einbildet, dass er doch *soo* lieb ist?«

Bevor ich ihr antworten konnte, klingelte das Telefon. Allison nahm ab, dann reichte sie das Telefon an Ellen weiter. »Mrs Jenkins, Mama. Sie sagt, dass es dringend ist.«

Ellen nahm den Apparat. »Hallo? Guten Tag, Mrs Jenkins.« Während sie der Stimme am anderen Ende der Leitung zuhörte, drehte sie die Kochplatte unter dem pfeifenden Teekessel ab und goss das kochende Wasser in die bereitstehende Teekanne.

»Katie?« Ihre Stimme wurde erstaunt. »Was hat sie denn gemacht?«

Sie hörte weiter zu, dann sagte sie: »Sicher, Mrs Jenkins. Ich komme.«

Sie legte auf, stellte zwei Teebecher auf den Tisch und rief: »Katie, komm runter!«

Malinda kam in die Küche und warf ein paar zusammengeknüllte Küchentücher in den Abfall. »Ich hab die Milch aufgewischt, Mama. Können wir auch ein paar Plätzchen haben?«

»Danke, Malinda. – Ja, natürlich.« Ellen goss den Tee in unsere Tassen und ließ sich auf den Stuhl mir gegenüber sinken.

»Ich kann's nicht glauben, dass Katie Probleme macht. Sie ist so pflegeleicht und sie mag ihre nette Erzieherin so. Aber Mrs Jenkins möchte morgen, wenn der Kindergarten aus ist, unbedingt mit mir reden. Es scheint was Ernstes zu sein.«

»Geht dein Mann nicht mit?«, fragte ich, etwas überrascht, dass sie nicht zuerst Ron angerufen und gefragt hatte, ob er mit zu dem Termin konnte.

Ellen schüttelte den Kopf. »Der wird mir halt sagen, ich soll das übernehmen. – Katie!«, rief sie wieder, »ich zähl bis drei. Eins ... zwei ...«

Katie erschien in der Küchentür, ihre blauen Augen voller Tränen. »Entschuldige, Mama!« Sie warf sich auf Ellens Schoß.

Ellen legte ihre Arme um die Kleine. »Was hast du denn angestellt, Spatz, dass Mrs Jenkins so aufgeregt ist?«

Katie schüttelte ihre zerzausten Locken. »Das weiß ich nicht, Mama«, schluchzte sie. »Mrs Jenkins hat gesagt, wir sollten unser Lieblingsspielzeug mitbringen, und da hab ich Fips mitgenommen, aber als ich dann von Fips erzählt hab, ist sie ganz böse geworden und hat gesagt, ich soll mich setzen.«

»Und was hast du den anderen Kindern über Fips erzählt?«, fragte Ellen.

»Das, was du mir gesagt hast, Mama. Dass Gott Affen gemacht hat und dass er Menschen gemacht hat, aber dass er keine Menschen aus Affen gemacht hat, denn sonst gäb's ja keine Affen mehr.«

Ellen warf mir einen vielsagenden Blick zu. Dann drückte sie das Mädchen noch fester und sagte: »Katie, du hast nichts Böses gemacht. Du hast es genau richtig erzählt und ich bin richtig stolz auf dich.«

Katie beugte sich so weit zurück, dass sie ihrer Mutter in die Augen sehen konnte. »Aber Mama, Mrs Jenkins ist so böse auf mich. Und auf Fips. Sie hat gesagt, ich darf ihn nie mehr mitbringen.«

»Das macht nichts, Spatz, du kannst Fips auch zu Hause alles erzählen. Jetzt nimm dir ein paar Plätzchen mit und geh auf dein Zimmer spielen; ich möchte mich gerade mit Wanda unterhalten.«

»Allmählich wünsche ich mir, ich hätte mich bei Katie für den Hausunterricht entschieden«, sagte Ellen, als das Mädchen sich eine Handvoll Plätzchen geschnappt hatte und zurück nach oben gerannt war.

»Eigentlich wollte ich alle Kinder selbst unterrichten«, fuhr sie fort. »Aber als Allisons Einschulung bevorstand und ich das Thema ›Hausunterricht‹ und ›christliche Privatschule‹ auf den Tisch brachte, brachte das Ron auf hundertachtzig. Er sagte, dass er es nicht einsah, dass er erst seine sauer verdienten Steuern für das staatliche Schulsystem zahlte und dann noch einmal für eine Privatschule, und von Hausunterricht wollte er auch nichts hören.«

Ich sagte: »Also, meine Kinder sind alle auf staatliche Schulen gegangen, und es ist etwas aus ihnen geworden. Hin und wieder musste ich etwas, was sie in Physik und Biologie hörten, geradebiegen, aber alles in allem war es ordentlich.«

Sie lächelte. »Das weiß ich doch. Ich habe keine elitären Anwandlungen gehabt. Ich dachte einfach, dass das mit dem Hausunterricht eine gute Idee für uns wäre, aber deswegen streiten wollte ich mich nicht, der Klügere gibt eben nach.«

Sie erzählte mir den Rest der Geschichte. Eines Tages war Katie ganz aufgeregt von der Vorschule nach Hause gekommen, mit einem Buch, das mit schönen Bildern erklärte, wie aus Affen Menschen wurden. Von Gott war in dem Buch nirgends die Rede. *Wenn es keinen Schöpfer gibt, dann sind wir ihm auch nicht verantwortlich,* hatte Ellen gedacht.

Sie hatte Ron das Buch gezeigt, aber er hatte nur gesagt: »Reg dich nicht auf, Ellen. Vielleicht hat Gott die Erde tatsächlich durch die Evolution erschaffen. Ist doch egal, wie er es gemacht hat.«

»Ron«, hatte sie gesagt, »wenn wir dem Schöpfungsbericht nicht glauben können, wie können wir dann dem Rest der Bibel glauben? Wir können doch nicht darüber würfeln, was wir glauben wollen und was nicht!«

»Ellen, wir können zu Hause glauben, was wir wollen, aber Katie muss sich draußen in der realen Welt behaupten«, hatte er geantwortet. »Sag ihr einfach, sie soll ihrer Lehrerin recht geben, und zu Hause erklärst du ihr, wie es wirklich ist.« Sprach's und wandte sich wieder dem Fernseher zu.

An diesem Abend war Ellen klar geworden, was sie seit Längerem schon ahnte: Rons religiöse Überzeugungen gingen nur so weit, wie sie ihn nicht in Probleme oder in Verlegenheit brachten. Sie selbst hatte gleich Nägel mit Köpfen gemacht und Katie erklärt, dass aus dem Schöpfungsbericht in 1. Mose 1–2 klar hervorging, dass der Mensch kein Produkt der Evolution, sondern von Gott zu dessen Ebenbild erschaffen war. Sie hatte Katie gesagt, dass dann, wenn Gott die Menschen aus den Affen erschaffen hatte, es logischerweise keine Affen mehr geben könnte, weil sie ja alle zu Menschen geworden wären.

»Was soll ich also jetzt Mrs Jenkins sagen?«, fragte sie mich. »Soll ich alleine gegen das gesamte staatliche System kämpfen? Von Ron hab ich keine Unterstützung zu erwarten.«

Ich sagte: »Also, meine beiden ältesten Töchter kamen einmal ganz aufgeregt von der Schule nach Hause, weil ihre Biolehrerin von ihnen verlangt hatte, eine Frage in einer Klassenarbeit in dem Sinn zu beantworten, dass die Menschen sich im Laufe von Milliarden von Jahren aus irgendeinem Einzeller, der im Meer lebte, entwickelt hatten. Jede andere Antwort wäre falsch und würde ihnen die Note ruinieren. Meine beiden Töchter, die fast nur Einser schrieben, waren entsetzt. Aber sie waren alt genug, um zu wissen, dass sie nicht an Evolution, sondern an intelligente Erschaffung glaubten, und dazu wollten sie stehen.«

»Und was hast du ihnen geraten?«, fragte Ellen.

Ich lachte. »Es war wohl so ähnlich wie Rons Ratschlag. Ich hab ihnen gesagt, sie sollten schreiben: ›Nach der Evolutionstheorie haben sich die Menschen wie folgt entwickelt ...‹ Mit dieser Formulierung erklärten sie die Evolutionstheorie nicht für wahr, sondern zitierten sozusagen, was in dem Lehrbuch stand oder was ihre Lehrerin gesagt hatte.«

Ellen kicherte. »Das erinnert mich an den Ratschlag, den Jesus seinen Jüngern gab, als er sie anwies, klug wie die Schlangen und einfältig wie die Tauben zu sein. Und wie ist die Sache ausgegangen?«

»Die Mädchen haben meinen Rat befolgt und wir haben nichts weiter gehört.«

Mehrere Minuten lang saß Ellen in Gedanken versunken da, dann sagte sie: »Vielleicht hat Ron doch nicht so falsch gelegen, wie ich dachte. Ich gebe ihm immer noch nicht recht, aber vielleicht sollte ich ihn nicht so kritisch sehen. Er hat ja seine guten Seiten. Er versorgt uns gut. Er hat gesagt, dass ich so lange zu Hause bleiben kann, bis Caleb in die Schule kommt. Er wird Allison gerne eins von seinen Hemden für den Kunstunterricht geben. Er fährt Malinda immer zu ihrem Fußballtraining. Und wenn Caleb seine Milch verschüttet hat, kauft er eben neue.«

Doch ich merkte, dass das vertraute Argument mit dem großzügigen Ehemann und Vater Ellens Verstimmung nicht zu überwinden vermochte. Unvermittelt brach sie in Tränen aus. »Ich kann sie nicht mehr hören, die Predigten, dass die Ehefrauen ihren Männern untertan sein sollen, weil doch der Mann das Haupt der Familie ist!« Ich legte wortlos meinen Arm um sie und ließ sie weinen.

Sie wischte sich die Tränen mit ihrer Serviette ab. »Wenn ich einen Mann hätte, der wirklich Gott kennt und seine Rolle als geistliches Haupt der Familie ernst nimmt, würde ich mich ihm mit Freuden unterordnen. Aber ich muss ihn überreden, damit er überhaupt mit in den Gottesdienst geht, und ihn entschuldigen, wenn er wieder mal nicht da ist. Ich muss Spenden vom Haushaltsgeld abzweigen, weil er sich weigert, den Zehnten zu geben.«

Sie unterbrach sich und holte tief Luft. »Ich weiß, dass eine christliche Ehefrau nicht so reden soll. Aber wenn ich meinem Mann hundert Prozent untertan wäre, würden wir an Ostern und Weihnachten zur Kirche gehen. Wir würden einen Dollar in die Kollekte tun, und Ron bräuchte keine Angst zu haben, dass wir Probleme bekommen, weil wir ernsthaft versuchen, mit Gott zu leben.«

Ich wusste, dass der alte Satz, dass ein Christ nicht an einem Joch mit Ungläubigen ziehen (sprich: keinen Ungläubigen heiraten) sollte, auf Ellen nicht zutraf. Sie hatte es mir erzählt, wie sie sich geweigert hatte, Ron zu heiraten, bevor er nicht Jesus Christus als seinen Erlöser und Herrn annahm und sich taufen ließ. Sie war überzeugt gewesen, dass dies eine glückliche Ehe garantieren würde, in der Gott im Mittelpunkt stand. *Wieder so ein Märchen für kleine Mädchen,* dachte ich.

Sie wischte sich ungeduldig die Tränen ab. »Ich möchte nicht das geistliche Haupt der Familie sein«, sagte sie bitter. »Aber irgendeiner muss ja wohl die Kinder ›in der Zucht und Ermahnung des Herrn‹ erziehen – tja, und das bin dann wohl ich.«

Ich betete mit ihr. Dann stand ich auf, um wieder zu gehen. Ich hörte noch, wie sie flüsterte: »Jesus, bitte hilf mir.«

Abigajil verstehen

Die schöne Abigajil fand sich völlig unverschuldet in dem gleichen Dilemma wieder, in dem Ellen und viele andere Frauen heute stecken. Sie musste das Haupt der Familie spielen, weil der Mann, den sie geheiratet hatte, sich weigerte, diese Aufgabe zu übernehmen.

Schön, Nabal war beruflich erfolgreich. Er war ein geschickter Schafzüchter, der es zu etwas gebracht hatte. Sie konnten sich etwas leisten in ihrem Haus. Abigajil bekam von ihm die schönsten Kleider und Schmuck. Für alles und jedes im Haus und im Geschäft gab es Knechte und Mägde.

Vielleicht begleitete er seine Frau manchmal auf eine Hochzeit oder eine *Bar-Mizwa.* Dort floss ja der Wein reichlich. Vielleicht ging er manchmal sogar mit zum Heiligtum *Jahwes;* das war schließlich gut für das Geschäft. Doch im Großen und Ganzen überließ er die Religion und den Umgang mit den Mitmenschen seiner Frau und verbrachte seine Tage damit, seine Untergebenen zu tyrannisieren, und die Nächte damit, zu trinken, bis er fast besinnungslos war.

Aber Abigajil hatte ihn geheiratet. Wahrscheinlich hatte auch bei ihr der Vater die Ehe arrangiert, aber sie war gültig – so lange, bis der Tod die beiden schied, denn Nabal schien mit seiner Frau ganz zufrieden zu sein und würde sich folglich nicht scheiden lassen. Eine unglückliche Ehefrau konnte sich damals nicht scheiden lassen.

Im Laufe der Jahre hatte Abigajil es gelernt, mit ihrem Mann zu leben, aber sie war nicht die Präsidentin des Nabal-Fanclubs. Sie wusste nur zu sehr um seine jähzornige Art und seine Neigung zu Kurzschlussentscheidungen; sie lebte in ständiger Bereitschaft, die nächste Dummheit, die er begehen würde, auszubügeln.

Abigajil wusste es seit Langem: Wenn in ihrem Haus *Jahwe,* der Gott Israels, verehrt werden sollte, dann musste *sie* dafür sorgen.

Das kleine rote Huhn

Was Ellen und Abigajil lernen mussten, haben wir alle im Grunde schon als Kinder gelernt. In Amerika gibt es ein Kinderbuch mit dem Titel *Das kleine rote Huhn*. Dieses Huhn findet beim Scharren ein paar Weizenkörner. Ganz aufgeregt zeigt es sie seinen Freunden – dem Schwein, der Ziege und der Katze – und erklärt ihnen, dass man diese Körner in die Erde pflanzen kann, worauf Weizenhalme wachsen werden, deren Körner man zu Mehl mahlen kann, aus dem man dann Brot backt.

So weit, so gut. Dann fragt das kleine rote Huhn: »Wer von euch kann mir helfen, die Körner einzupflanzen?«

»Also, ich nicht«, sagen die Freunde einer nach dem anderen; jeder hat eine andere Ausrede. Darauf erklärt das kleine rote Huhn: »Gut, dann pflanze ich den Weizen selbst ein.«

Als der Weizen reif zur Ernte ist, wiederholt sich die Geschichte; wieder ist niemand bereit, dem Huhn zu helfen. Ebenso, als die Körner zur Mühle gefahren werden müssen und schließlich das Brot gebacken wird. Jedes Mal haben die drei Freunde dringend etwas anderes zu tun.

Schließlich erfüllt der unwiderstehliche Duft von frisch gebackenem Brot die Luft. Das Schwein, die Ziege und die Katze kommen herbei.

Als das kleine rote Huhn die knusprigen Brote aus dem Backofen holt, fragt es: »Na, wer von euch hilft mir, das Brot zu essen?«

Ein dreistimmiges »Ich!« ist die Antwort.

»So, ihr Faulenzer?«, sagt das Huhn. Und es zitiert das Bibelwort: »Wer nicht arbeitet, soll auch nicht essen.« Oder so etwas Ähnliches. »Das Brot essen meine Küken und ich.« Und so geschieht es auch.

In manchen Versionen der Geschichte gibt das kleine rote Huhn den anderen schließlich doch etwas ab, aber die Moral dieser Geschichte liegt nicht nur darin, dass ehrliche Arbeit belohnt wird. Dieses Huhn war entschlossen, das, was getan werden musste, bis zum Ende durchzuführen – auch wenn es alles selbst machen musste. Was ihm mit den guten Instinkten, die Gott ihm gegeben hatte, schließlich auch gelang.

Jaël

Jaël war nach Richter 4,17-22 die Frau des Keniters Heber, dessen Stamm in Freundschaft mit dem kanaanitischen König Jabin von Hazor lebte, obwohl seine Vorfahren aus der Linie Hobabs, des Schwagers Moses, stammten. Als die Armee der Israeliten die der Kanaaniter durch das Gebiet der Keniter hindurch verfolgte und aufrieb, entkam der gefürchtete Sisera, der Heerführer Jabins, und suchte Zuflucht im Lager der Keniter. Jaël sah ihn kommen und ging aus ihrem Zelt hinaus, um ihn zu begrüßen. »Komm rein, mein Herr«, sagte sie, »hab keine Angst.« Er ging in ihr Zelt und sie deckte ihn mit einer Decke zu.

Sisera bat sie, sich am Zelteingang zu postieren und jedem, der nach ihm fragte, zu sagen, dass niemand bei ihr war. Doch Jaël wartete, bis er vor Erschöpfung eingeschlafen war, und schlug ihm dann mit einem Hammer einen Zeltpflock in die Schläfe.

Die Bibel erzählt uns nicht, wie Jaël dazu kam, Sisera, der den Israeliten zwanzig Jahre lang grausam zugesetzt hatte, zu töten. Wir erhalten keine Erklärung dafür, warum sie so plötzlich ihre Loyalität von den Kanaanitern auf die Hebräer verlagerte. Eigentlich hätte ihr Mann eine so weitreichende Entscheidung treffen müssen.

Aber Heber war nicht da, als die Gelegenheit, Sisera zu töten, sich bot, und Jaël wartete nicht, bis er wiederkam und ihr sagte, was sie tun sollte. Sie traf ihre Entscheidung und führte sie ohne zu zögern aus. Ihre furchtlose Tat befreite Israel auf viele Jahre von der kanaanitischen Bedrückung und verschaffte ihr einen Ehrenplatz in der Geschichte des Volkes Gottes.

Manche Frauen denken, dass sie ihre Stärken verstecken müssen, um attraktiv für einen Mann zu sein. »Was für ein Mann will schon eine Frau, die stärker oder klüger ist als er?« Aber David fühlte sich von den Stärken, die er in Abigajil sah, nicht eingeschüchtert. Im Gegenteil: Er erkannte, dass ihre Weisheit ihn vor einem großen politischen wie religiösen Fehler bewahrt hatte.

Einen Teil eines israelitischen Stammes aus persönlicher Rache zu töten, hätte David die Loyalität dieses Stammes, die er später als König Israels brauchen würde, kosten können. Außerdem hätte er Gottes Gebot »Du sollst nicht morden!« verletzt und gegen seine eigenen ethischen Überzeugungen gehandelt. (Er hätte gut daran getan, Abigajils Rat zu suchen, als er den Tod von Batsebas Ehemann Uria beschloss.)

David sah in Abigajils Stärken eine Ergänzung seiner eigenen Stärken und Schwächen. Er erkannte, dass sie alle guten Seiten einer Frau verkörperte – und seine eigenen besten Seiten ans Licht brachte.

Auch Ellen hatte Stärken – Stärken, auf die ihr Mann sich verließ. Familie, Kirche, Freundschaften – dafür war seine Frau zuständig. Wie Abigajil investierte sie viel Zeit und Kraft darin, die Fehler, die ihr Mann im Umgang mit seinen Mitmenschen machte, auszubügeln. Sie schämte sich, offen zuzugeben, dass ihr Mann nicht das geistliche Haupt der Familie war, wie sie das von den anderen Ehemännern in ihrer Gemeinde naiv annahm.

Was Ellen nicht erkannte, war, dass sie ja gar nicht für Rons Beziehung zu Gott, zur Gemeinde oder zu sonst jemandem verantwortlich war. Sicher, ob ihr Mann nun getauft war oder nicht, sie hatte die Pflicht, sich so zu verhalten, wie es in 1. Petrus 3,1 beschrieben wird: »Ihr Ehefrauen sollt euch euren Ehemännern unterordnen, auch dann, wenn sie nicht an die Botschaft Gottes glauben. Das Beispiel eures Lebens wird sie mehr überzeugen als alle Worte.« Aber dies bedeutet eben nicht, dass Gott Ellen danach beurteilen wird, ob es ihr gelungen ist, ihren Mann durch ständiges Nörgeln, Drängeln oder Predigen zu dem Ehemann und Vater zu machen, den er nach Gottes Willen sein sollte. Ron selbst wird einmal vor Gott treten und sich dafür verantworten müssen, dass er die Rolle, die Gott ihm zugedacht hatte, so schlecht erfüllt hat.

Die Kinder der beiden sind eine andere Sache. Sowohl Ellen als auch Ron sind vor Gott dafür verantwortlich, ihre Söhne und Töchter so zu erziehen, dass sie einmal eine eigene persönliche Beziehung zu Gott bekommen können. Wenn Ron seinen Teil dazu nicht leistet, muss Ellen in die Bresche springen. Sie muss alles tun, was in ihrer Macht steht, um ihre Kinder »in der Zucht und Ermahnung des Herrn« zu erziehen (Epheser 6,4; LUT), also ihnen den richtigen Weg zu zeigen. Ich wusste: Ellen würde alles geben, was sie hatte.

Später berichtete sie mir übrigens von ihrem Gespräch mit Katies Erzieherin. Sie machte in diesem Gespräch keinen Hehl aus ihrem Glauben und wie schlimm sie es fand, dass Katie in der Vorschule etwas so ganz anderes hörte. Mrs Jenkins gab zu, dass sie sich nicht sicher war, was sie persönlich glaubte, und eben das weitergab, was sie aus dem Buch und in ihrem Studium gelernt hatte. Sie versprach Ellen, in Zukunft sensibler zu sein, aber bestand darauf, dass Katie es lernte, sich nicht vor der Gruppe mit ihrer Erzieherin oder Lehrerin zu streiten. Ellen versprach, entsprechend auf Katie einzuwirken.

Das Problem war fürs Erste gelöst, ohne dass Ron seine Komfortzone hatte verlassen müssen.

Die bittere Wurzel

Es kommt gar nicht so selten vor, dass jemand, der lange religiös gleichgültig war, sein Leben ernsthaft Gott übergibt. Es ist durchaus möglich, dass Ron noch eine engere Gottesbeziehung suchen und das werden wird, was Ellen sich immer gewünscht hat. Aber eine Garantie dafür gibt es nicht.

Es kann sein, dass Ron Gott nie so kennen und lieben wird, wie Ellen das tut. Im Augenblick verschanzt er sich hinter der Ausrede, dass er zu sehr davon in Anspruch genommen ist, die Brötchen für die Familie zu verdienen. Als Rentner wird er vielleicht neue Dinge finden, die seine Zeit beanspruchen: Hobbys, Vereine, Projekte, Haus und Garten; es ist eher unwahrscheinlich, dass er seine zusätzliche Freizeit in Bibelstudium und Gemeinde stecken wird. Vielleicht wird er nie ernsthaft darangehen, der Mann Gottes zu werden, nach dem sie sich so lange schon sehnt.

Große Erwartungen

Manchmal höre ich, dass Lieben bedeutet, alles so zu akzeptieren, wie es war, ist und sein wird oder eben nicht war, ist und sein wird. Es ist das »in Freud und Leid«, von dem die glückliche Braut sich nicht vorstellen kann, dass es je das Zweite bedeuten könnte. Ich habe auch gehört, dass dann, wenn jemand mich nicht so liebt, wie ich das gerne hätte, dies nicht bedeutet, dass er mich nicht mit allem liebt, was er hat.

Manchmal erwarten wir zu viel von den Menschen. Als ich eine frischgebackene Ehefrau war, erwartete ich, dass mein Mann alles für mich war. Ich gründete mein Selbstwertgefühl darauf, dass ich die Nummer eins in seinem Leben war. Aber ich erwartete von ihm mehr, als ein Mensch dem anderen je geben kann.

Wie Ellen, musste auch ich lernen, dass es nicht die Schuld des anderen ist, wenn er nicht dem Idealbild entspricht, das ich von ihm entworfen habe. Jeder Mensch ist einzigartig und so von Gott erschaffen. Auch Sie und ich. Ich habe nicht die Macht, jemanden so umzuändern, dass er meinem Bild von ihm entspricht. Wenn wir das könnten, wären wir Gott.

Zurück zu Abigajil

David war so beeindruckt von Abigajils Weisheit und Mut, dass er wusste: *Diese Frau möchte ich als die meine haben.* Und genau dies ist der zweite Teil der Geschichte.

Abigajil lehnte sich an den Baumstamm hinter der Steinbank, auf der sie saß, und schaute den Bienen zu, die zwischen den Blumen hin- und herflogen. Hinter dem Gartenweg sang ein Vogel dem Schöpfer sein Loblied. *Es ist schön hier in dem schattigen Garten,* dachte Abigajil. *So ruhig. Keiner schimpft mit mir oder einem der Diener.*

Als sie Nabal von der Begebenheit mit David erzählt hatte, war er erst rot, dann blau im Gesicht geworden und wie ein Stein umgefallen. Zehn Tage danach bekam er einen erneuten Schlag und starb. Abigajil sorgte dafür, dass er ein standesgemäßes Begräbnis bekam und dass die vom Gesetz vorgeschriebene Trauerzeit eingehalten wurde. Aber sie trauerte nicht wirklich um Nabal. Die Zuneigung, die sie vielleicht einmal für ihn gehabt hatte, hatte er schon vor langer Zeit abgetötet.

Sie wusste nicht, was sie machen sollte, wenn Nabals Erbe kam, um sein Eigentum zu übernehmen. Er wollte natürlich das Haus, hatte ihr aber großzügig angeboten, sie wohnen bleiben zu lassen, zusammen mit ihm und seinen drei Frauen. *Und ihren zehn Kindern, die über Tische und Bänke springen ...*

Sie hatte von Nabal im Laufe der Jahre viel echten Schmuck bekommen. Vielleicht konnte sie ihn verkaufen und sich von dem Erlös ein Häuschen am Rande des Anwesens bauen, wenn der neue Besitzer nichts dagegen hatte.

Aber was waren das für zwei Gestalten, die da hinten auf der Landstraße auftauchten? Sie erhob sich und beschattete ihre Augen mit der Hand, um besser sehen zu können. Sie kamen näher. Nanu, sie waren geradeso gekleidet wie die Männer Davids.

Diesmal kann Nabal ihn nicht beleidigt haben, dachte sie. Was mochte der Sinn dieses unerwarteten Besuches sein? Sollte sie Angst haben, oder ...

Jetzt waren die Männer da. Sie hielten vor ihr an und verneigten sich. »Herrin«, sagte der eine, »wir bringen Euch Grüße von unserem Herrn, David. Er hat von Eurem Verlust gehört und möchte Euch sein Beileid ausdrücken.«

Abigajils Augenbrauen gingen fragend in die Höhe. Sie senkte den Kopf, um das skeptische Lächeln zu verdecken, das um ihre Lippen spielte.

Der zweite Mann lachte, seine Augen glitzerten spitzbübisch. »Wörtlich, Herrin, hat David gesagt: ›Preis sei dem Herrn, der meine Sache gegen Nabal geführt hat. Er hat seinen Diener davor bewahrt, Böses zu tun, und Nabals Bosheit auf sein eigenes Haupt fallen lassen.‹«

Ja, das hat er, dachte Abigajil. *Aber warum seid ihr gekommen?*

Der Erste sah seinen Gefährten warnend an. »Herrin«, sagte er ernst, »David hat uns auch zu Euch gesandt, um um Eure Hand anzuhalten.«

Abigajils Herz stockte, dann klopfte es gegen ihre Rippen wie eine Taube, die aus einer Falle entkommen will. Aber nein, das hier war keine Falle. Es war die Erfüllung des Traumes, den sie nicht zu träumen gewagt hatte, solange Nabal noch am Leben war.

Sie wusste, dass David bereits eine Frau hatte – zwei, wenn sie Michal, Sauls Tochter, die der König einem anderen Mann gegeben hatte, als David untertauchen musste, mitzählte. David würde eines Tages der neue König Israels werden, und wahrscheinlich würde er viele Frauen haben. Aber andererseits – war an jenem Tag, wo *Jahwe* sie zu David geschickt hatte, damit er sich nicht rächte, nicht sofort ein unsichtbares Band zwischen ihr und David da gewesen? Sie hatte seine Achtung und Bewunderung deutlich gespürt, hatte sie in seinen schönen dunklen Augen gelesen.

Sie verneigte sich vor den beiden Boten. »Hier ist eure Dienerin, bereit, euch zu dienen und den Dienern meines Herrn die Füße zu waschen.« Sie stieg auf ihren Esel, folgte mit ihren fünf Dienerinnen den beiden Männern und wurde Davids Frau.

In 2. Samuel 3,3 erfahren wir, dass Abigajil David seinen zweiten Sohn schenkte, Kilab. Wir dürfen wohl davon ausgehen, dass sie viele glückliche Jahre als eine der Frauen verbrachte, die David am meisten liebte, auf jeden Fall aber achtete. Ihre Weisheit wird ihm geholfen haben, nicht nur einem großen Haushalt vorzustehen, sondern einer ganzen Nation.

Stehen auch Sie vor der Aufgabe, das Haupt Ihrer Familie sein zu müssen? Dann darf ich Ihnen die Bibelverse zitieren, die mich den Großteil meines Lebens geleitet haben: »Vertraue von ganzem Herzen auf den Herrn und verlass dich nicht auf deinen Verstand. Denke an ihn, was immer du tust, dann wird er dir den richtigen Weg zeigen« (Sprüche 3,5-6).

Mit anderen Worten: Treffen Sie keine Entscheidungen, ohne zuerst durch das Lesen in der Bibel und das Gebet Gott gefragt zu haben. Warten Sie auf sein »Ja«. Denken Sie an ihn – nicht nur bei den größeren, »offiziellen« Dingen wie der Taufe und dem öffentlichen Zeugnis für ihn, sondern auch in den Kleinigkeiten des Lebens, etwa den Geburtstagskarten, die Sie verschicken, den Visitenkarten, die Sie dabeihaben, und Ihrem Umgang mit Freunden und Fremden im ganz normalen Alltag.

Sie können sich darauf verlassen: Gott wird sein Wort halten und Ihnen den Weg zeigen. Er tut das auch bei mir, wenn ich ihn nur lasse.

7

Hiobs Frau

Thema: Vertrauen

Lesen Sie in der Bibel: Hiob 2,9; 42,12-17

Sie stand in der Tür des Hauses und schaute über die Weiden zu den Hügeln hin. Wo einst Tausende von Schafen, Ochsen, Kamelen und Eseln gegrast hatten, war jetzt – nichts.

Sie würde ihn nie vergessen, den furchtbaren Tag, an dem sie alles verloren hatten. Zuerst war ein Diener gekommen und hatte Hiob eröffnet, dass die Sabäer seine Knechte überfallen hatten. Sie hatten sämtliche Ochsen und Esel geraubt und die Knechte mit dem Schwert getötet. Allein der Bote war entkommen.

Während er noch redete, war ein anderer Bote gekommen, mit der Nachricht, dass Feuer vom Himmel gefallen war und sämtliche Schafe und die Hirten getötet hatte. Allein er war entkommen, um Hiob die Nachricht zu bringen.

Dann war ein dritter Bote gekommen. Die Chaldäer hatten Hiobs sämtliche Kamele geraubt und die Knechte umgebracht. Wieder war nur dieser eine Knecht entkommen.

Und dann der vierte Bote mit der furchtbarsten Nachricht: »Deine Söhne und Töchter haben im Haus ihres ältesten Bruders ein Fest gefeiert. Plötzlich kam ein heftiger Wüstensturm auf und traf das Gebäude mit voller Wucht. Es stürzte ein und hat alle deine Kinder unter sich begraben. Ich bin als Einziger entkommen, um es dir zu sagen.«

Hiob hatte darauf seine Kleider zerrissen, sich den Kopf kahl geschoren und gesagt: »Nackt bin ich aus dem Leib meiner Mutter gekommen, und nackt werde ich sein, wenn ich sterbe. Der Herr hat mir alles gegeben und der Herr hat es mir wieder genommen. Gelobt sei der Name des Herrn!«

Verflucht sei der Name des Herrn!, dachte sie wütend. Allein der allmächtige Gott, den Hiob so fromm verehrte, konnte einen Sturm geschickt haben, der so stark war, dass er das Haus einstürzen ließ. Er hatte ihre Kinder mit voller Absicht unter den Trümmern sterben lassen! Er hatte nicht nur ihre Kinder zermalmt, sondern auch ihr Herz.

Die Kinder hatten gerne gefeiert. Oft hatten sie auch sie und Hiob eingeladen, aber ihr Mann hatte sich stets geweigert, an diesen »Gelagen« teilzunehmen, wie er sie nannte. Wenn sie vorbei waren, brachte er am nächsten Morgen immer Opfer für seine Kinder dar, für den Fall, dass sie sich gegen Gott versündigt hatten. So gewiss die Sonne aufging, so gewiss stand Hiob vor seinem Altar und opferte Brandopfer für jeden seiner Söhne und Töchter. »Vielleicht haben meine Kinder in ihrem Herzen gegen Gott gelästert«, sagte er.

Hiob war immer stark, geschäftig, selbstbewusst und zufrieden gewesen, wenn er bei seinen Dienern war und die Tausende Schafe und Kamele, Ochsen und Esel inspizierte, deren Geblöke und Gebrülle die Hänge der Berge widerhallen ließ.

Damals war sie glücklich gewesen. Ihre Kinder hatten in ihren eigenen Häusern in der Nachbarschaft gewohnt und waren oft zu Besuch gekommen. Es war ihr leichter gefallen, Hiobs Gott zu akzeptieren, wenn ihre Kinder bei ihr waren.

Jetzt stand sie da und schaute auf die leeren Felder und Weiden. Die Stille war unwirklich, man hörte nur das melancholische Gurren einer Taube in dem Ölbaum vor dem Küchengarten und das leise Meckern einer Ziege, die dem Verderben entronnen war, weil sie sie in den Hof geholt hatten, um das hohe Gras dort zu fressen.

Nur einer der vier Diener, die ihnen die Schreckensbotschaften gebracht hatten, war noch da, dazu eines der Hausmädchen. Das übrige Gesinde hatte Hiob entlassen, denn er hatte keine Arbeit mehr für sie und auch nicht die Mittel, sie zu ernähren.

Sie hörte, wie Hiob aufstöhnte. Der Laut kam aus der Kaminecke und kratzte ihr wie kalte Dornen den Rücken hinunter. Nicht lange, nachdem ihre Welt zusammengebrochen war, hatte ihr starker, gesunder Mann am ganzen Körper Geschwüre bekommen, von den Fußsohlen bis zum Kopf. Seine Füße taten ihm so weh, dass er kaum noch laufen konnte. Meistens saß er in der Asche und kratzte sich mit einer Tonscherbe.

Hiobs Haut hing in Falten, wie ein abgelegtes, viel zu großes Kleidungsstück, das ein Kind von seinem großen Bruder bekommen hat. Seine Frau bereitete ihm nahrhafte Mahlzeiten und bat ihn, doch zu essen, aber alles, was er unter schmerzhaften Schluckbeschwerden herunterbekam, war Haferschleim mit Ziegenmilch.

Ein Glück, dass sie diese eine Ziege zum Haustier gemacht hatte, sodass sie nicht draußen bei den Herden gewesen war, als das Feuer vom Himmel fiel. Jetzt war ihre Milch das Einzige, was Hiob am Leben erhielt.

Oder ist es vielleicht doch kein Glück?, dachte sie bitter. *Wäre es nicht besser für ihn, wenn er in Frieden unter seinen Vorfahren in der Begräbnishöhle ruhen würde?* Jedes neue Schmerzensstöhnen, das über seine Lippen kam, ging wie ein Schwert durch ihre Brust. Sie hatte diesen Mann von ganzem Herzen geliebt, schon lange bevor er der Reichste und Mächtigste im Osten geworden war, und sie liebte ihn immer noch, auch wenn er alles verloren hatte.

Sie hörte, wie er mit leiser Stimme seinen Gott um Gnade bat. *Gnade? Vielleicht waren die, die unsere Ochsen, Esel und Kamele gestohlen haben, gewöhnliche Diebe. Und das Feuer, das auf unsere Schafe und ihre Hirten gefallen ist, war vielleicht auch etwas Natürliches. Aber es war dein Gott, Hiob, der unsere Kinder umgebracht und dir diesen Fluch geschickt hat.*

Plötzlich hielt sie es nicht mehr aus. Sie ging zu dem Kamin und stellte sich vor ihren Mann. »Willst du immer noch an deiner Frömmigkeit festhalten?«, schrie sie. »Verfluche Gott und stirb!«

Hiob streckte seine Hand aus, um ihr mit einem der schorfigen Finger die Tränen abzuwischen, die ihre Wangen hinabliefen. Bestimmt bissen sie in seine aufgerissene Haut. »Ach, meine Liebe«, sagte er, »du redest wie eine Frau ohne Verstand. Sollten wir etwa das Gute, das Gott uns schickt, annehmen, aber das Schlechte ablehnen?«

Sie schüttelte ihren Kopf und ging zurück zur Tür, wo sie mit dem Rücken zu ihm stehen blieb und den Tränen ihren Lauf ließ. Aber was war das da hinten? Vier Männer, und sie kamen auf das Haus zu.

»Hiob, du bekommst Besuch!«, rief sie. Was mochten diese Leute wollen? Seit der Unglücksserie war kein Freund, kein Verwandter, noch nicht einmal einer von Hiobs Brüdern gekommen, um ihn zu trösten. Es war gerade so, als ob sie Angst hatten, dass sein Unglück ansteckend war und dass sein Fluch auf sie übergehen könnte.

Sie blinzelte die Tränen fort, um besser sehen zu können. Hiob war aufgestanden und humpelte auf die Gäste zu. Die drei Älteren kannte sie; sie waren alte Freunde ihres Mannes: Elifas aus Teman, Bildad aus Schuach und Zofar aus Naama. Der Vierte, der jünger aussah, war ihr unbekannt.

»Im Namen des Allmächtigen, fast hätte ich dich nicht erkannt, Hiob!«, rief Elifas, als die Männer nahe genug waren, um zu sprechen.

»Ich auch nicht!«, rief Bildad aus.

Zofar starrte Hiob schweigend an und schüttelte den Kopf.

Der jüngere Mann sagte nichts, aber er tat es den drei Älteren gleich, als sie anfingen, laut klagend ihre Gewänder zu zerreißen und sich Staub über den Kopf zu werfen, zum Zeichen ihres Mitleids. Dann stellte Elifas den jungen Mann endlich vor. »Dies ist Elihu«, sagte er. »Er ist der Sohn Barachels, des Busiters.«

Hiob neigte mühsam seinen Kopf, um der Höflichkeit Genüge zu tun, dann hockte er sich hin. Die Männer nahmen um ihn herum Platz; sie schienen nicht zu wissen, wie sie fortfahren sollten.

Hiobs Frau ging zurück an ihren Herd, wo der Eintopf kochte. Sie wusste selbst nicht, warum sie ihn kochte. Es war unwahrscheinlich, dass Hiob ihn anrühren würde.

Als es Zeit für die Abendmahlzeit war, saßen die Männer immer noch da, ohne ein Wort zu sagen. Auch Hiob schwieg. Sie brachte ihnen von dem Eintopf, dazu einen frisch gebackenen Brotfladen. Sie aßen schweigend. Hiob aß nichts. Als seine Frau ein paar Stunden danach ins Bett ging, saßen die Männer immer noch auf dem Boden und schwiegen.

Sie schaute zur Tür hinaus. Sie wusste schon, was sie sehen würde. Seit sieben Tagen und sieben Nächten saßen Hiobs vier Gäste dort draußen bei ihm, ohne ein Wort zu sagen. Das Elend, das sie vorgefunden hatten, hatte sie sprachlos gemacht.

Doch da zerriss plötzlich Hiobs Stimme die Stille. »Warum bin ich nicht bei meiner Geburt gestorben und umgekommen, als ich aus dem Mutterleib kam?«

Dann redete Elifas. Er sprach leise, und sie konnte nicht alles verstehen, aber sie hörte, wie er sagte: »Gesegnet ist der Mann, den Gott straft. Darum verachte nicht die Züchtigung des Allmächtigen.«

Elifas sprach lange. Als er endlich fertig war, antwortete Hiob: »Wenn man meine Not nur wiegen und mein Elend auf die Waage legen könnte, sie wären schwerer als der Sand am Meer.« Er seufzte laut.

Den Rest seiner Klage ließ sie an ihren Ohren vorüberrauschen. So leid ihr das Elend ihres Mannes tat, sie hatte keine Worte mehr, mit denen sie ihn hätte trösten können. Auch wenn ihr Körper keine Narben und Geschwüre hatte, ihre Seele war voll tiefer Wunden.

Dass sie nicht mehr so viel Butter auf dem Brot, keine feine neue Wolle zum Spinnen und kein weiches neues Leder für ihre Sandalen hatte, damit konnte sie leben. *Ich spucke auf diese Nebensächlichkeiten. Aber wer gibt mir meine Kinder zurück? Wo ich gehe und stehe, glaube ich, sie zu sehen, ihre Stimmen und ihr Lachen zu hören, aber sie sind fort, für immer. Das halte ich nicht aus!*

Ja, sie hatten viel und gerne gelacht, die Kinder. Sie schaute zu dem Garten und den Wiesen hinaus, wo sie einst gespielt hatten. *Sie haben so viel Spaß miteinander gehabt, meine sieben stattlichen Söhne und meine drei schönen Töchter.*

Sie wünschte sich auf einmal, dass die Kinder nicht so gerne zusammen gewesen wären. Dann wären vielleicht einer oder zwei von ihnen nicht in dem Haus gewesen, als der verheerende Wirbelwind kam. *Der Wind von* El Gibbor, *dem allmächtigen Gott, dem das trauernde Herz einer Mutter gleichgültig ist.*

Plötzlich glaubte sie, die Knochenhand des Todes zu sehen, wie sie ihr zuwinkte. »Verlasse dieses Tränental«, schien sie zu sagen. »Beende dein Elend.«

Sie wusste, dass sie es jederzeit beenden konnte. Zum Beispiel mit dem Gift, das sie selbst gemischt hatte, gegen die Ratten, die sich an den Getreidespeichern gütlich taten. Es wäre kein schöner Tod, aber immer noch schneller und weniger grausam, als wenn sie alleine übrig blieb und den Rest ihres Lebens als Witwe fristen musste. Ihre Kinder waren schon tot, und sicher würde Hiob ihnen bald ins Grab folgen.

Selbst wenn es nach dem Tod außer der Stille des Grabes nichts gibt – wenigstens hätte ich Frieden. Was habe ich denn noch auf dieser Erde?

Laura

Ich kannte Laura und Nathan (Namen geändert) gut. Sie waren das perfekte Paar – sie kreativ und hochkünstlerisch, er praktisch und nüchtern. In den fünfzehn Jahren ihrer Ehe war er immer für sie da gewesen, hatte sie unterstützt in ihrem Studium und ihrer Künstlerkarriere, hatte sich um die praktischen Dinge des Alltags gekümmert, während sie hoch über dem Alltag schwebte.

Er war der Wind unter ihren Flügeln, und sein Tod, als sie beide noch keine 35 waren, war ein Schlag, der sie um ein Haar zerstörte. *Wenn Gott mich wirklich liebte, hätte er mir nicht Nathan weggenommen,* dachte sie bitter.

Sie und Nathan hatten in so vielen Kirchen und Konzertsälen ihren Herrn bezeugt. »Also hat Gott die Welt geliebt ...«, hatten sie gesungen, sein perfekter Tenor oder Bass (er konnte beide Stimmen singen) die ideale Ergänzung zu ihrem hellen, weichen Sopran.

Was sind wir dumm gewesen, dass wir geglaubt haben, dass da ein Gott ist, der uns liebt! Wie naiv waren wir, dass wir vor die Leute getreten sind und die Liebe eines Gottes besungen haben, der doch keinen Finger gekrümmt hat, um Nathan, der ihn so liebte, zu retten ...

»Gott macht es schon richtig mit mir«, hatte Nathan gesagt, als er den Kampf gegen den Krebs aufnahm. »Wenn er mich heilt, ist es gut, wenn ich sterbe, ist es auch gut. Ich bin bereit, mich in seinen Willen zu ergeben.«

Hilflos hatte sie zugeschaut, wie die gnadenlose Krankheit und die fast noch schlimmere Therapie, die ihm in den letzten Lebenswochen jeden Rest von Lebensqualität nahm, ihn dahinrafften.

Bis zum letzten Atemzug hatte Nathan an seinem Gottvertrauen festgehalten – und was hatte er davon gehabt? Jetzt lag er auf dem Friedhof, unter tausend anderen Toten. Sie alle hatten gehen müssen, ob sie an Gott glaubten oder nicht.

»Ich glaube nicht an Gott«, sagte sie laut. Die rebellischen Worte echoten durch das leere Haus und ließen ihre Seele erzittern, aber sie sagte sie noch einmal. *Entweder es gibt Gott gar nicht, oder, schlimmer noch, wir sind ihm egal.* Aber konnte sie ihr Elend nicht abkürzen? *Ich habe keine Kinder, die mich hier festhalten würden. Was soll ich mich weiter mit dieser Trauer und Verzweiflung herumschlagen, wenn ich sie so einfach beenden kann?*

Die Ärzte hatten ihr Beruhigungsmittel verschrieben, um ihr zu helfen, besser mit der Trauer fertig zu werden. Eine kräftige Überdosis, ob nun von einem Mittel oder von allen, und es wäre vorbei ...

Wie soll ich es mit meinen Verwandten halten? Einen von ihnen anrufen und ihm sagen, was ich vorhabe? Unter einer Stunde ist keiner von denen hier, und bis dahin ist alles vorbei. Aber was, wenn es doch einem von ihnen gelang, sie zu stoppen? Das durfte nicht geschehen!

Am besten war wohl einfach ein Abschiedsbrief, eine kurze Notiz, die sie bei ihrer Leiche finden würden, wenn es zu spät war, noch etwas zu ändern. Sie würden um sie trauern, aber sie hatten alle ihr eigenes Leben, und dieses Leben würde weitergehen. Bestimmt würden sie ihre Verzweiflung und Hoffnungslosigkeit verstehen.

Fast hörte sie, wie ihre Mutter sagte: »Du kannst dir nicht mutwillig das Leben nehmen und dann um Vergebung dafür bitten. Du wirst die Ewigkeit in der Hölle verbringen.«

Es hatte eine Zeit gegeben, als sie das geglaubt hatte. Jetzt war sie sich nicht mehr so sicher. Wenn sie nicht mehr an Gott glaubte, glaubte sie auch nicht mehr an die Hölle, oder? Selbst wenn sie immer noch an einen grausamen Karikaturgott glaubte, der süffisant zuschaute, wie seine Geschöpfe leiden mussten – vielleicht würde selbst so ein Gott sie nicht bestrafen, wenn sie ihr Elend selbst beendete ...

Wie hatte dieser Pastor noch gesagt bei der Beerdigung eines Selbstmörders? »Wir überlassen ihn den Händen des Gottes, der ihn erschaffen hat und der ihn liebt.« *Liebt? Da wären wir wieder bei dem Problem. Wenn es einen Gott gäbe, der mich liebt, hätte er mir Nathan nicht weggenommen.*

Die Stille des leeren Hauses war wie tausend Wände um sie herum. Wo sie auch hinschaute, sah sie sich mit ihrem Mann. Dort, auf dem Sofa, hatten sie aneinandergekuschelt gesessen und einen Film gesehen. Da hinten hatten sie jeder auf seinem Stuhl gesessen und gelesen, und Nathans blondes Haar hatte wie Gold geschimmert im Licht der Lampe. Hier, in der Küche, hatten sie gemeinsam gekocht, und an diesem kleinen Küchentisch hatten sie gegessen und dabei zum Fenster hinaus in den Garten geschaut und Pläne geschmiedet.

Ein Schrei entfuhr ihr. Sie sprang auf und warf ihre halb ausgetrunkene Teetasse in die Spüle. Sie hörte, wie sie zersplitterte. Sollte sie ruhig. *Ich muss was tun, jetzt sofort! Noch so ein leerer Tag, noch so eine einsame Nacht in diesem Haus halte ich nicht aus!*

Nathan hatte ihr eine gute Lebensversicherung hinterlassen. Sie konnte von dem Geld alle Rechnungen bezahlen und hätte noch mehr als genug übrig. Vielleicht sollte sie einfach vor ihrem Elend fliehen – nach Europa oder England oder Australien. *Einfach möglichst weit weg. Ich halte das nicht mehr aus ...*

Aber tief drinnen wusste sie genau, dass Weglaufen ihr Problem nicht lösen würde. Wie hieß es noch? »Wo du hingehst, nimmst du dich mit.« Den Erinnerungen und bitteren Gedanken zu entfliehen, war nicht möglich.

Laura ging den Flur entlang ins Badezimmer. Mit zitternden Händen öffnete sie den Medizinschrank ...

Hiobs Frau verstehen

Möglicherweise wurde das Buch Hiob von Hiob selbst geschrieben, irgendwann während der 140 Jahre, die er nach den in dem Buch beschriebenen Ereignissen noch lebte (vgl. Hiob 42,16). Vielleicht wurde die Geschichte auch zunächst mündlich überliefert, bis sie dann, vielleicht mit einigen Ergänzungen, niedergeschrieben wurde. In diesem Fall wünschten wir uns sicher, der Autor hätte uns mehr über Hiobs Frau mitgeteilt ...

Wahrscheinlich lebte Hiobs Familie 300 bis 500 Jahre vor der Zeit Abrahams. Damals gab es noch keinen König in dem Land, und Hiob war der reichste und mächtigste Mann im Osten.

Mose war noch nicht geboren und die Zehn Gebote gab es noch nicht. Es gab keine Torah, kein Heiligtum (geschweige denn Tempel) und kein aaronitisches Priestertum. Aber Hiob hatte sich Gottes Gebote deutlich auf sein Herz geschrieben. Niemand weiß, wie er an sie gekommen war, aber er lehrte sie seine Frau und seine

Kinder. Offenbar kümmerten seine Kinder sich wenig um Gottes Gebote; sonst hätte Hiob sich nicht so gedrängt gefühlt, ständig Opfer für sie zu bringen.

Aber vielleicht war es ihm gelungen, seine Frau zum Glauben an seinen Gott zu bringen. Falls dies stimmt, dann müssen die furchtbaren Schicksalsschläge ihr wie ein Verrat durch den Gott, dem ihr Mann so treu diente, vorgekommen sein. Wie Laura war auch sie der Meinung, dass Gott, wenn er sie wirklich liebte, sie nicht so hätte leiden lassen. So wurde sie verbittert, wie wir in ihrem Verzweiflungsschrei an Hiob sehen: »Verfluche Gott und stirb!«

Generationen von Christen ist Hiobs Frau als eine hartherzige Xanthippe vorgemalt worden, die sich, kaum dass es ihrem Mann schlecht ging, gegen ihn wandte. Sie hatte die guten Zeiten gerne genossen, aber als ihr Mann ihr nichts mehr »brachte« und stattdessen nur noch eine Last war, wäre sie ihn am liebsten losgeworden.

Aber könnte es nicht genau andersherum gewesen sein? Hiobs Frau erlebte mit Trauer und Entsetzen, wie ihr Mann zu einem blassen Schatten seiner selbst wurde. Es kann gut sein, dass ihre verzweifelten Worte nicht aus einem harten Herzen kamen, sondern aus einem weichen – einem Herzen, das ihren Mann so liebte, dass sie es nicht mehr mit ansehen konnte, wie er leiden musste.

Vielleicht hat sie aber auch ihrem Mann die Schuld an den Dingen gegeben, die sein Gott da über sie gebracht hatte. Vielleicht verletzte sie Hiob mit ihren Worten, weil ihr eigener Schmerz so groß war. Es kann nicht leicht gewesen sein, fast über Nacht vom Thron einer Königin oder First Lady in das Dasein der Ehefrau eines mittellosen Kranken, der in der Asche saß und sich mit einer Scherbe kratzte, hinabgeschleudert zu werden.

Tief trauernd über den Verlust ihrer Kinder, hat sie Hiobs endloses Stöhnen vielleicht nicht mehr hören können, und schon gar nicht seine sinnlosen Loblieder auf den, der all dieses Elend über sie gebracht hatte.

Aber Hiob hat sich keinen Augenblick von Gott abgewandt. Er spürte, dass Gott sich aus irgendeinem Grund gegen ihn gewandt hatte. Er fragte ihn: »Gott, warum?« Er beschwor Gott, sich ihm zu zeigen, damit er ihm seine Sache vortragen konnte. Aber sein Grundmotto war und blieb das feste Vertrauen auf diesen Gott.

Die meisten von uns reagieren mehr wie Hiobs Frau oder Laura. Wenn das Leben sich gegen uns zu wenden scheint, haben wir den Eindruck, dass Gott uns verlassen hat, dass es ihn gar nicht gibt oder dass er uns nicht liebt. Kennen Sie das auch? Ich kenne es gut.

Kostbare Gegenwart

Laura hat dann doch keinen Selbstmord begangen an jenem Tag, aber sie erzählte mir von ihren Plänen. »Ich weiß noch nicht, wann oder wie«, sagte sie, »aber irgendwann mach ich's.« Ich hatte Angst, sie in diesem Zustand allein zu lassen, musste aber andererseits für meinen Arbeitgeber eine Konferenz organisieren. Was tun? Ich nahm Laura kurzerhand auf die Konferenz mit.

Gottes Wege sind wahrlich geheimnisvoll. Der Hauptredner auf der Konferenz benutzte als Aufhänger für seinen Vortrag das kleine Buch *The Precious Present* (»Die kostbare Gegenwart«) des *New-York-Times*-Bestsellerautors Spencer Johnson. Laura hörte mit einem Ohr zu, wie er die Geschichte eines alten Mannes erzählte, der einem kleinen Jungen das Geheimnis des Glücklichseins verrät – ein Geheimnis, das der Junge erst am Ende seines eigenen Lebens versteht.

Was ist dieses Geheimnis? Kurz gesagt: Es ist in Ordnung, sich an die Vergangenheit zu erinnern, Ausflüge in sie zu unternehmen, ja sie hochzuhalten. Aber wir müssen erkennen, dass sie vorbei ist und dass wir nicht mehr in ihr leben können. Es ist genauso in Ordnung, unseren Blick hin und wieder auf die Zukunft zu richten und uns auf sie vorzubereiten, aber wir dürfen unsere Freude nicht zur bloßen Vor-Freude und den Schmerz nicht zum Vor-Schmerz machen. Was die Zukunft auch bringen mag an Freude und Leid, es ist noch nicht da, ja es wird vielleicht nie kommen. Wir müssen lernen, in der Gegenwart zu leben – der kostbaren Gegenwart – und jeden Augenblick des Lebens so zu nehmen, wie er kommt.

Diese kleine Geschichte drang durch den Nebel von Lauras Verzweiflung hindurch. Sie begann zu sehen, dass ihre Ehe mit Nathan ein abgeschlossenes Kapitel im Buch ihres Lebens war und dass sie jetzt das nächste Kapitel beginnen musste.

Heute ist Laura eine bekannte und erfolgreiche Sängerin, die zahlreiche Auszeichnungen erhalten hat. Nathan ist ein wunderschönes Gebiet in der Landschaft der Vergangenheit, das sie manchmal mit Wehmut, ja sogar Tränen besucht, aber sie wohnt nicht mehr dort.

Darrell

Einen ähnlichen Weg wie Laura und Nathan mussten mein Bruder Darrell und seine wunderbare Frau Susan gehen. Sie waren Säulen ihrer Kirchengemeinde, wo Darrell im Gemeindevorstand, als Bibellehrer und als Seelsorger aktiv war. Als erfolgreicher Geschäftsmann gab er weit mehr als den Zehnten für die Sache Gottes. Er und Susan brachten den Verlorenen das Evangelium, speisten die Hungernden, besuchten die Gefangenen und die Kranken, trösteten die Trauernden.

Dann kam ohne jede Vorwarnung die Krebsdiagnose. Es war ein Krebs von der aggressiven Sorte. Im Vertrauen darauf, dass Gott es richtig machen würde, ließ Darrell die nicht weniger aggressive Operation durchführen, bei der ihm die Speiseröhre und ein Teil des Magens entfernt wurden. Danach kamen die Bestrahlungen und die Chemotherapie.

Es waren Monate furchtbarer Schmerzen und Übelkeit. Die Prognose war entmutigend. Darrell und Susan verbrachten Stunden auf den Knien, aber es wurde nur immer schlimmer. Ein medizinisches Problem nach dem anderen kam, an eine Wiederaufnahme von Darrells Arbeit war nicht zu denken.

Schließlich sagten die beiden voller Erschöpfung: »Kann vielleicht jemand anderes für uns beten? Unsere Gebete gehen nur bis zur Decke.«

Wie Hiob hatte Darrell den Eindruck, dass Gott sich gegen ihn gewandt hatte, und er wusste nicht warum.

Warum?

Am Anfang des Buches Hiob erfahren wir, dass hinter Hiobs Leiden eine Intrige des Satans steckt. Einige Bibelausleger haben Hiob das unschuldige Opfer von Gottes Vertrauen in ihn genannt. Hiob konnte das nicht wissen, und es gibt keinerlei Hinweise darauf, dass Gott ihm je erklärt hätte, warum er dieses Elend durchmachen musste, obwohl Hiob ihn mehr als ein Mal gefragt hat.

Ähnlich hat Darrell in seinem irdischen Leben nie erfahren, warum er so viel Krankheitsleiden durchmachen musste. Wollte Gott ihm durch seine Krankheit etwas zeigen? Prüfte er ihn? Hatte der Teufel darum gebeten, ihn »wie den Weizen sieben« zu können, wie bei Petrus? Hatte er, wie bei Hiob, bei Gott beantragt, Darrell alles nehmen zu dürfen, um zu sehen, ob er sich nicht von Gott lossagen würde? Versuchte der Feind, Darrell seine Erlösung zu nehmen, indem er ihm so lange zusetzte, bis er die Sache mit Gott aufgab?

In 1. Petrus 5,8 lesen wir: »Seid besonnen und wachsam und jederzeit auf einen Angriff durch den Teufel, euren Feind, gefasst! Wie ein brüllender Löwe streift er umher und sucht nach einem Opfer, das er verschlingen kann.« Das Lieblingsziel des Teufels scheinen treue Christen zu sein. Gerade dann, wenn unsere Beziehung zu Jesus so richtig Tiefe bekommt, oder dann, wenn wir in unserer Arbeit für ihn am meisten Ergebnisse sehen, schlägt Satan zu. Ohne Vorwarnung und ohne Gnade.

Aus Gründen, die wir nicht verstehen, lässt Gott das zu. Manchmal nimmt der Teufel uns das Wichtigste und Schönste in unserem Leben weg, so wie er Laura Nathan nahm. Manchmal nimmt er uns alles, wie bei Hiob, oder schlägt uns mit schrecklichen Schmerzen und Leiden, wie bei Darrell. Manchmal arbeitet er mit Enttäuschungen und andauernden Problemen, die uns nach und nach die Hoffnung nehmen, wie bei Ellen in unserem Kapitel über Abigajil.

Raffiniert führt er sein Opfer an den Ort, wo es glaubt, dass Gott es verlassen hat. »Du und dein Bruder, ihr seid Gott doch egal«, flüsterte er mir zu, als meine Gebete für Darrell auf einen verschlossenen Himmel zu stoßen schienen und es mir fast nicht mehr gelang, in der Bibel zu lesen.

Wir alle sind aus dem gleichen zerbrechlichen Ton gemacht. Die einen von uns vertragen mehr Hitze als die anderen, aber wir alle werden zu Zielscheiben der Lügen des Widersachers Gottes, wenn das Leiden unsere gesundheitlichen, geistigen und geistlichen Kräfte erschöpft hat. Selbst Jesus schrie am Kreuz: »Mein Gott, mein Gott, warum hast du mich verlassen?«

Ich danke Gott, dass Darrell und Susan bis zum Ende an ihrem Glauben festhielten, als Darrell nach neun Monaten Kampf mit dem Krebs zu seinem Herrn heimgehen durfte.

Was immer auch unsere Stärken und Schwächen, was immer unsere Umstände sind, wir alle müssen ihn finden, jenen Punkt der Ergebung, wo wir aufhören, zu kämpfen, und mit Hiob, Nathan und Darrell sagen: »Egal was passiert, ich vertraue auf Gott.«

Gott in allen Lebenslagen loben

Was? Gott in allen Lagen loben? Auch dann, wenn der Schmerz und der Verlust unerträglich wird und die Zukunft eine schwarze Wand ist? Auch dann, wenn Gott seinen Engeln nicht befohlen hat, uns zu behüten? Wenn unsere Gebete nur bis zur Zimmerdecke gehen? Gott loben? Wie? Warum? Hebräer 13,15 sagt uns: »Durch Jesus wollen wir Gott zu jeder Zeit danken, indem wir ihn loben und uns zu seinem Namen bekennen!«

Gott loben, nachdem er unsere Gebete erhört hat, ist Dankbarkeit. Ihn loben, bevor er uns erhört, ist Glauben. Gerade dann, wenn uns nicht nach Loben zumute ist, sollten wir Gott loben. Im Urtext heißt es in Hebräer 13,15: »Durch ihn nun lasst uns Gott stets ein Opfer des Lobes darbringen!« (ELB). Ein Opfer ist nie einfach. Ähnlich werden wir in Jesaja 61,3 aufgefordert, »ein Ruhmesgewand statt eines verzagten Geistes« anzulegen (ELB).

Wir sind nicht der Boss

Ich liebe es, in einer Demokratie zu leben. Es gefällt mir, dass ich dabei mitreden kann, wer die nächste Obrigkeit in meiner Stadt, meiner Region, meinem Land wird. Ich schätze es, ein Stückchen weit der Souverän zu sein. Aber das Reich Gottes ist keine Demokratie. Dort haben wir kein Stimmrecht, und an Grundrechten haben wir nur das, was uns Gottes Wort garantiert – jene Verheißungen, die mit »Wenn ihr das und das tut ...« beginnen und mit »... dann werde ich so handeln« enden. Wir haben keine anderen Garantien, keine weiteren Bürgerrechte.

Als Gott Nathan zu sich holte, hat er Laura nicht um Erlaubnis gefragt. Er musste das auch gar nicht, denn er nahm ihr nichts weg, was von Rechts wegen ihr Eigentum war. Er hatte ihr ihren Mann sozusagen nur ausgeliehen. Es war auch nicht so, dass er Laura nicht liebte oder sie »bestrafen« wollte. Zu seinen Plänen für Nathan gehörte es, dass er ihn schon in jungen Jahren von dieser Erde wegnahm. Warum? Das weiß Gott allein. Zu seinem Plan für Laura gehörte es, dass sie einen Großteil ihres Erwachsenenlebens ohne Nathan verbrachte. Warum? Wieder weiß nur Gott die Antwort.

Als die Ärzte Darrell eröffneten, dass er dem Krebs, der in seinem Körper wütete, erliegen würde, sagte er einfach: »An irgendwas muss man ja sterben.« Er wusste, dass die Tatsache, dass er versuchte, Gott zu dienen, ihm kein schmerz- und problemfreies Leben garantierte.

Es scheint so, als ob ein Leben, das Gott zu dienen versucht, die Angriffe des Satans geradezu anzieht. Aber es gibt Gott auch die Gelegenheit, uns zu den Dienern zu machen, die er haben will, auch wenn dieser Prozess manchmal schmerzlich ist. Es ist der schmerzhafte Sand in der Schale der Muschel, der die Perle hervorbringt. Es ist das Feuer, das das Silber von der Schlacke reinigt.

Zurück zu Hiobs Frau

Hiobs Geschichte endet damit, dass er doppelt so viel Besitz bekommt wie vor seinen Leiden und die gleiche Anzahl Kinder – sieben Söhne und drei bemerkenswert schöne Töchter. Hiob konnte sich seiner Kinder und Enkel bis zur vierten Generation erfreuen.

Was wäre gewesen, wenn Hiob dem Drängen seiner Frau, »Gott zu verfluchen und zu sterben«, nachgegeben hätte? Was wäre gewesen, wenn er mit ihrer Hilfe Selbstmord begangen hätte? Was, wenn er darauf gesetzt hätte, dass Gott ihm angesichts seines Elends so oder so vergeben würde, nur um zu spät zu merken, dass er seinen Platz im Himmel verspielt hatte? (Auf jeden Fall hätte er den irdischen Segen, den Gott für ihn bereithatte, verpasst, und seine Frau ebenfalls.)

Der biblische Bericht erwähnt, dass Hiob neue Kinder bekam, aber von einer neuen Ehefrau ist nicht die Rede. Es muss also die »alte« Frau Hiob gewesen sein, die an seiner Seite diesen neuen Segen erfuhr und ihm diese zehn weiteren Kinder schenkte. Wahrscheinlich hat sie, als sie die Zeugin von Hiobs Begegnung mit dem allmächtigen Gott wurde, zu ihrem alten Glauben zurückgefunden.

~

Tagelang hatte Hiobs Frau den Predigten des Elifas zugehört, dass Gott nur die Bösen bestraft und nicht die Guten. Bildad hatte betont, dass selbst der Mond und die Sterne in Gottes Augen nicht rein seien, und dann doch wohl erst recht nicht jemand, der aus dem Schoß einer Frau geboren war. Zofar war in Hiob gedrungen, seine Fehler und Sünden zu bekennen, damit Gott ihm vergeben konnte. »Gott verlangt von dir weniger, als deine Schuld verdient hat!«, hatte er entrüstet ausgerufen.

Hiob ist ein guter Mann, musste sie denken. *Er hat keine der Sünden begangen, die seine sogenannten Freunde ihm vorhalten. Nicht ein einziges Mal hat er einen Diener misshandelt oder einen müden Wanderer abgewiesen. Er hat sich um die Witwen und Waisen gekümmert. Er ist für die Sache der Unterdrückten eingetreten.*

»Ihr glaubt wohl, dass ihr die Weisheit mit Löffeln gefressen habt!«, rief Hiob plötzlich. »Denkt ihr, ich habe nicht auch ein Hirn im Kopf? Was ihr da sagt, weiß jedes Kind!«

Sein Sarkasmus erinnerte sie an den »alten« Hiob – an die vielen Besuche, bei denen er und seine drei Freunde heftig diskutiert hatten, über alles und jedes, vom Wert eines Kamels oder Schafs bis zum Handeln Gottes. Manchmal hatte sie Angst gehabt, dass gleich die Fäuste fliegen würden, aber sie waren immer Freunde geblieben.

Jetzt kam der junge Mann, Elihu, an die Reihe und redete sich in Rage. »Du hast nicht nur gesündigt, du lehnst dich auch noch gegen Gott auf!«, rief er. Er führte altklug aus, wie Gott die Menschen züchtigt, um ihre Seele zu läutern und näher zu sich zu ziehen.

Was würde Hiob diesem jungen Schnösel antworten? Doch dann kam plötzlich ein heftiger Wind auf, Donner rollten, Blitze zuckten. Und dann kam aus dem Sturm eine Stimme, die ihre Beine zu Pudding werden ließ. Sie merkte, wie sie auf die Knie sank, und sah, dass Hiob und die vier Männer sich niedergeworfen hatten.

»Wer bezweifelt hier meine Weisheit mit Worten ohne Verstand? Tritt vor mich hin wie ein Mann! Ich will dir Fragen stellen, und du sollst mir antworten. Wo warst du, als ich die Grundfesten der Erde legte? Sag es mir, wenn du so viel weißt!« Und die Stimme sprach weiter, von den mächtigen Werken der Schöpfung, von der Erde und dem Meer, vom Tag und von der Nacht und von den Geschöpfen, mit denen Gott alles gefüllt hatte.

Dann fragte die Stimme: »Möchtest du immer noch mit dem Allmächtigen rechten? Du willst Gott zurechtweisen, aber kannst du mir antworten?«

Dann sah sie, wie Hiob seinen Kopf hob und mit zittriger Stimme sagte: »Ich bin nichts – wie könnte ich je die Antworten finden? Ich lege meine Hand auf meinen Mund. Ich habe schon viel zu viel gesagt, ich werde nichts mehr sagen.«

Und wieder kam die Stimme aus dem Sturm: »Tritt vor mich wie ein Mann! Ich will dich fragen und du sollst mir antworten. Willst du mir meine Gerechtigkeit absprechen und mich für schuldig erklären, damit du recht behältst?« Und Gott sprach von den großen Dingen, die er getan hatte – vom Behemoth und Leviathan, vom Schnee und vom Hagel und vom Blitz, und wie alle diese Dinge ihm gehorchten.

Dann wieder Hiobs Stimme: »Du fragst: ›Wer ist es, der meine Weisheit ohne Verstand verdunkelt?‹ *Ich* bin es, aber ich habe von Dingen geredet, von denen ich keine Ahnung hatte und die zu hoch für mich sind ... Bisher habe ich dich nur vom Hörensagen gekannt, aber jetzt habe ich dich mit eigenen Augen gesehen. Ich nehme alles zurück, was ich gesagt habe, und tue Buße in Staub und Asche« (vgl. Hiob 38–42).

~

Vielleicht hat nicht nur Hiob, sondern auch seine Frau erkannt, dass der Glaube an Gott wenig mit unseren Lebensumständen, mit Segnungen oder mit Antworten auf philosophische Fragen zu tun hat. Echter Glaube entsteht, wo Gott selbst sich uns offenbart, und er verlangt von uns die gleiche Reaktion wie die Hiobs in seinem demütigen Bekenntnis.

Ob unsere Gottesbegegnung sich unter Donnerkrachen vollzieht wie bei Hiob, in einem Lichtblitz wie bei Paulus oder durch die »leise Stimme« in den verborgenen Tiefen unserer Seele, immer ist die einzig angemessene und mögliche Antwort, dass wir wie Hiob erkennen, wer wir sind (bloße Geschöpfe) und wer Gott ist (der allmächtige Schöpfer).

Diese Erkenntnis bedeutet das Ende aller Fragen, Diskussionen, Rechtfertigungsversuche und Anklagen. Wir hören auf, zu kämpfen und das »Warum?« verstehen zu wollen, und lassen uns in die Allmacht und Weisheit des Schöpfers, der so unendlich weit über seiner Schöpfung steht, fallen.

Kein anderer Gott!

Als er ungefähr acht Jahre alt war, nahm mein Sohn an einem Kinderferienlager teil, das ein interessantes Tagesprogramm bot, das die Kinder hinaus in die Natur führte. Was ich nicht wusste, war, dass die Leiterin dieses Lagers eine Woche im Jahr die Kinder in die Lehren ihrer neuheidnischen Religion einführte.

Eines Tages fragte ich meinen Jungen, ob das Lager ihm noch Spaß machte. Er sagte: »Ich mag es, wenn wir die Tiere füttern und mit ihnen spielen. Aber diese Woche mag ich nicht besonders. Ich spreche diese komischen Sprüche nicht mit, weil ich nicht weiß, was die bedeuten sollen. Ich murmle eben irgendwas.«

Ich ging der Sache nach und fand heraus, dass die Leiterin den Kindern folgenden Spruch beigebracht hatte: »Die Erde ist unsere Mutter, der Himmel ist unser Vater, die Bäume sind unsere Brüder, die Tiere sind unsere Freunde ...« Sie hielt sie dazu an, diese erschaffenen Dinge, und nicht Gott, anzubeten. Ich danke Gott, dass mein Sohn schon mit seinen acht Jahren wusste, dass allein der Schöpfer unsere Anbetung verdient hat.

Wie reagieren wir?

> Jakobus 4,10 fordert uns auf: »Demütigt euch vor dem Herrn! Und er wird euch erhöhen« (ELB).

> In Psalm 50,15 heißt es: »Vertraue auf mich, wenn du in Not bist, dann will ich dich erretten, und du sollst mir die Ehre geben.«
> Und in Jesaja 49,23: »Ich bin der Herr! Ich enttäusche keinen, der mir sein Vertrauen schenkt« (HFA).

Es kann sein, dass Gott uns unsere Gesundheit und Wohlergehen zurückschenkt, wie bei Hiob. Oder dass er unsere Seele wieder ins Gleichgewicht bringt, sodass wir wieder leben können, wie bei Laura. Es kann auch sein, dass er uns heim zu sich holt, wie bei Darrell und Nathan.

Egal, was Gottes Pläne für mich sind, egal, in was für Nöte ich in meinem Leben noch hineinkomme – ich hoffe, dass ich stark genug sein werde, um mit Hiob zu sagen: »Und doch weiß ich, dass mein Erlöser lebt« (Hiob 19,25).

8

Die Frau des Gastwirts

Thema: Selbstachtung

Lesen Sie in der Bibel: Lukas 2

Den Zipfel des Umhängetuchs in der rechten Hand und den Ölkrug in der linken, bahnte sie sich ihren Weg durch die feilschenden Einkäufer, die stinkenden Hirten und stämmigen römischen Soldaten. Es dämmerte schon, und sie wollte nicht mehr auf der Straße sein, wenn es dunkel wurde, schon gar nicht jetzt, wo so viele Fremde in der Stadt waren.

Ihr Mann rieb sich die Hände wegen des Besucherstroms, den der Erlass des römischen Kaisers in die Stadt gebracht hatte, all diese Nachkommen Davids, die sich für die Volkszählung eintragen lassen mussten. Das Gasthaus platzte aus allen Nähten, kein einziges Zimmer, ja kein Schlafplatz war mehr frei. Selbst ihr eigenes Schlafzimmer hatte er vermietet, an ein reiches Paar, sodass sie zur Zeit auf einer Matte in der Vorratskammer schlafen mussten.

Sie hasste diese Menschenmengen. Sie sehnte sich danach, dass die Stadt wieder zurück in ihren Dornröschenschlaf fiel und die Straßen wieder den Nachbarn gehörten und nicht halb Rom.

An die Hirten war sie gewöhnt. Sie kamen jedes Jahr, wenn die kalten Winterwinde kamen, um ihre Herden auf die Weiden am Rande der Stadt zu führen, auf dem Markt Vorräte zu kaufen und in den Wirtshäusern Wein zu trinken. Sie waren ungewaschen und ungehobelt, und manche Händler klagten, dass sie stahlen. Aber dieses Problem ging sie nichts an, denn die Hirten kamen nicht in das Gasthaus, weder um dort zu übernachten noch um zu stehlen.

Man raunte sich zu, dass auch manche der Fremden stahlen – fette Lämmer von den Schäfern, die sie dann über ihrem Lagerfeuer brieten. Sie war sich ziemlich sicher, dass die Gerüchte stimmten. Viele der Fremden, die sich für die Volkszählung eintragen lassen mussten, waren bitterarm; sie reisten tagelang zu Fuß, aßen, was sie auftreiben konnten, und kampierten auf jedem freien Fleckchen, um dieser neuesten Laune des Kaisers zu gehorchen.

Ist mir egal, ob sie reich oder arm sind, sie sind alle lästig, dachte sie. *Schieben sich mit den Ellbogen über den Markt, sind laut und fluchen wie die letzten Menschen.*

Doch damit nicht genug. Vor jedem Laden, ja sogar vor der Synagoge standen römische Legionäre, beäugten die Juden aus zynisch grinsenden Augen und behandelten die Frauen, als ob sie halbe Huren wären. Vor Jahren war sie unglücklich darüber gewesen, dass sie wie ein Mauerblümchen aussah und niemand sie bemerkte; jetzt war es ein Segen.

Irgendwo in der Mitte einer großen Kinderschar, das Mädchen, das den Boden fegte und die Töpfe reinigte und die Kleider der nächstälteren Schwester auftrug, war sie sich oft richtig unwichtig vorgekommen. Die älteste Schwester wurde beachtet, die jüngste wurde beachtet, die hübscheste wurde beachtet, die lauteste wurde beachtet. Nur sie nicht.

Sie hatte sich schon damit abgefunden, dass sie keinen Mann bekommen würde, und war erleichtert gewesen, als ein Gastwirt in den Vierzigern, dessen Frau vor einigen Monaten gestorben war, bei ihrem Vater um ihre Hand angehalten hatte. Sie wusste, dass der Mann vor allem eine Mutter für seine drei kleinen Jungen wollte. Doch sie wollte endlich auch einen Ehemann und ein eigenes Heim, wie ihre Schwestern und die anderen Mädchen in der Stadt.

Sie lief rasch durch das Hoftor, trat in das Gasthaus und verschloss die Tür fest hinter sich. Sie hörte, wie ihr Mann sie rief: »Debora!«

Es klang ungeduldig, so, als ob er sie schon mehrere Male gerufen hatte. Als er sie sah, sagte er: »Debora, wir brauchen mehr Wein und Käse für unsere Gäste. Schnell!«

Sie ging in die Küche, schnitt Käse und Brot in Scheiben und arrangierte sie auf einem Tablett. Sie musste denken, wie ironisch es war, dass sie Debora hieß, nach der berühmten Richterin, die damals, in den alten Tagen, die Armee Israels zum Sieg geführt hatte. Debora. Nein, sie war keine Debora.

»Debora!« Die Stimme klang ärgerlich.

Sie packte einen Weinschlauch und das Tablett und rannte förmlich in die Gaststube. »Entschuldige«, murmelte sie, während sie das Tablett absetzte und begann, den Wein in die leeren Krüge zu füllen. »Ich musste zum Markt, mehr Öl für die Lampen holen.« Sie traute sich nicht, ihrem Mann in die Augen zu sehen.

Halb hatte sie Lust, sich vor ihm zu verneigen und ihn »Herr« zu nennen. So hatte sie sich immer gefühlt gegenüber ihrem Mann. Sie hatte die Kleider gewaschen und geflickt, das Essen gekocht und das Haus geschrubbt, seine Kinder aufgezogen und all das getan, was ein Mann erwartete, der wusste, was er wollte, und der es sofort wollte. Er war nicht grausam, aber er war ihr Herr, fast so, als ob er sie auf einer Sklavenauktion erstanden hätte.

Mit den Kindern war es nicht viel besser gewesen. Dass sie jetzt, wo sie erwachsen waren und sich abgenabelt hatten, so selten zu Besuch kamen, bestätigte ihr, was sie insgeheim immer geahnt hatte: Sie war für sie wenig mehr als die Frau, die ihnen ihr Essen, ihre Kleider und ein sauberes Bett gegeben hatte. Selbst die weiteren Dienstmädchen und Köchinnen, die ihr Mann wegen der Volkszählung eingestellt hatte, hatten wenig Respekt vor ihr. Debora hatte den Eindruck, dass sie keine einzige ihrer Anweisungen befolgen würden, wenn sie nicht wüssten, dass hinter ihr ihr Mann stand.

Wenn ich auf einmal nicht mehr da wäre, keiner würde den Unterschied merken, dachte sie. *Er würde sich halt andere holen, die meine Pflichten übernehmen würden. Das kleine Loch, das ich hinterlassen würde, würde sich geradeso schnell schließen wie das Loch im Wasser, wenn ich die Hände aus der Schüssel nehme.*

Ich bin so leer wie dieser Weinschlauch, dachte sie, als sie in den Vorratsraum zurückging, um mehr Wein zu holen. *Keiner beachtet mich. Ich könnte genauso gut unsichtbar sein. Wenn es mir nicht wehtäte, wenn ich mich kneife, würde ich nicht glauben, dass es mich gibt.*

Plötzlich erschien ein Mann in der Haustür. »Ich brauche unbedingt ein Zimmer«, sagte er zu ihrem Mann. »Meine Frau erwartet jeden Augenblick ihr Kind. Ich brauche ein Bett für sie.«

Ihr Mann lachte trocken auf und schüttelte den Kopf. »Hier ist alles belegt«, antwortete er. »Tut mir leid, ich kann euch nichts bieten.« *Und wenn ich es könnte, würde ich es trotzdem nicht tun,* sprach sein Gesicht Bände. Seiner Kleidung nach zu urteilen, war der Fremde arm, und Debora wusste genau, was ihr Mann gerade dachte: *Einer aus der hintersten Provinz. Kein Geld.*

»Ich bin bereit, euch euren Preis zu zahlen«, bettelte der Mann. Seine dunklen Augen waren bittend. »Wir brauchen ein Zimmer.«

»Dann musst du es dir woanders suchen«, erwiderte der Gastwirt. »Wir sind voll, wirklich. Und jetzt geh; siehst du nicht, dass ich zu tun habe?«

Debora schob sich an ihrem Mann vorbei in den Eingang und schaute hinaus. Draußen saß eine Frau auf einem Esel. Debora sah, wie sie sich unvermittelt krümmte, ihre Hände gingen an ihren Bauch.

Die hat schon ihre Wehen. Haben wir wirklich kein Plätzchen für sie, wenigstens so lange, bis das Kind geboren ist? Aber sie wusste genau, dass es nicht möglich war. Selbst in den Ställen unter der Gaststube waren Übernachtungsgäste.

Wenn das so weitergeht, wird sie ihr Kind auf der Straße oder draußen auf dem Feld bekommen. Das ist ja furchtbar.

Sie selbst hatte nie ein Kind geboren, obwohl sie die drei Kinder ihres Mannes aufgezogen hatte, bis sie erwachsen geworden waren und das Haus verlassen hatten. Aber sie hatte mehrmals als Hebamme bei einer Geburt geholfen. Sie wusste: Diese Fremde brauchte kochendes Wasser und ein scharfes Messer. Und Salz und Öl, um das Neugeborene damit einzureiben. Dann natürlich Windeln und ein sauberes Lager, auf das sie das Kind legen konnte.

Halt – da war doch noch diese kleine Höhle hinter dem Gasthaus, die sie manchmal, wenn das Haus voll war, als Stall nutzten. Zur Zeit waren ihr Esel und die beiden Milchziegen drinnen. Es war ein jämmerliches Quartier, aber es bot Schutz vor dem Wind und ein kleines Feuer würde genügen, um es warm zu bekommen. Die Futterkrippe könnte man zur Not als Wiege benutzen.

Sie eilte zu ihrem Mann und flüsterte ihm ihre Idee ins Ohr. Sie sagte ihm, wie schlecht es der Schwangeren ging. Er starrte sie einen Augenblick an, und sie sah, wie sich in den Ärger auf seinem Gesicht ein Mitleidsfunke mischte.

»He, du da!«, rief er. »Komm zurück!« Debora hörte nicht, was ihr Mann dem Fremden sagte, aber sie sah, wie dessen Blick noch eine Spur verzweifelter wurde. Wie musste er es hassen, seiner Frau gleich sagen zu müssen, dass sie ihr Kind in einem Stall zur Welt bringen musste. Aber alles war besser als die Straße oder das offene Feld ...

Die Schultern des Mannes hoben sich, er nickte. »Ich danke euch für eure Freundlichkeit«, sagte er. »Wie finde ich diesen Stall?«

»Ich zeige ihn euch«, sagte Debora rasch. Sie merkte, wie sie rot wurde. »Ich bin gleich wieder da«, versprach sie ihrem Mann, aber der hatte sich schon zu einem neuen Gast umgewandt.

Sie nahm ihr Umhängetuch von dem Haken neben der Tür und ging hinaus, der Fremde hinter ihr. Als sie zu dem Esel kamen, hörte sie, wie die Frau leise stöhnte.

»Maria, *Jekarah,* entschuldige, aber in dem Gasthaus ist nichts mehr frei. Die vielen Menschen ...«

»O, Josef, was sollen wir machen? Das Kind kommt!«

»Der Gastwirt hat uns seinen Stall angeboten, Liebes, und diese liebe Frau führt uns gerade hin. Es ist das Einzige, was wir zur Zeit bekommen können.«

Wie er seine Frau »Liebes« nannte. Debora wurde fast neidisch. So hatte sie noch keiner genannt, selbst nicht, als sie ein Kind war.

»Dann macht schnell«, sagte Maria. Ihre Augen waren schmerzgeweitet, sie stöhnte wieder leise. »Bitte, macht schnell!«

In der Höhle half Debora Josef, Maria auf ein Lager aus sauberem Stroh zu legen, über das er seinen zerschlissenen Mantel als Decke breitete.

Wie sanft er zu seiner Frau ist. Wie rücksichtsvoll. Ich würde mit Freuden die Schmerzen einer Geburt ertragen für einen Mann, der mich so anschaut.

Und danach hätte ich so einen lieben kleinen Jungen, der seine Mutter über alles andere liebt, jedenfalls so lange, bis er eine Frau findet. Aber vielleicht wäre es auch ein Mädchen, das seine Mutter geradeso lieben würde, wie die Mutter ihre Mutter geliebt hatte. Diese Maria hier, sie wird ihr Kind bestimmt nicht abschütteln, wenn es sie umarmen will, sie wird ihm nicht sagen, dass sie gerade etwas anderes zu tun hat ...

Sie hörte, wie ihr Mann wieder ihren Namen rief. Sie rannte zurück zum Haus. Innerlich schrie sie: *O,* Jahwe, *ich bin so einsam! So leer. Wird es nie einen Menschen geben, der mich liebt? Der* mich *liebt, und nicht das, was er von mir hat?*

Alice

Unser informelles Beratungsgespräch lief nicht besonders gut. Die junge Dame, die ich hier Alice nennen möchte, wusste, dass sie intelligent und begabt war. Aber sie konnte einfach nicht glauben, dass sie es mit ihrer älteren Schwester aufnehmen konnte. Nichts, was sie tat, war gut genug. Fand sie.

Ich versuchte mit Engelszungen, ihr klarzumachen, dass sie sich nicht mit Karen zu vergleichen brauchte. Sie war attraktiv. Sie hatte ihre eigenen, besonderen Stärken und Fähigkeiten. Ihr liebes Wesen zog Kinder und ältere Menschen an wie der Nektar die Bienen. Aber für all das hatte sie keinen Blick.

»Das ist nicht Karens Schuld«, sagte sie. »Sie ist eine gute Schwester, und ich gönne ihr ihr Glück. Es ist einfach so, dass ich mein ganzes Leben lang mit meiner älteren Schwester verglichen worden bin.

Wenn ich in der Schule in die nächste Klasse kam, zwei Jahre nach Karen, fragten mich die Lehrer immer: ›Bist du auch so klug wie deine Schwester?‹ Und die Jungen baten mich immer: ›Kannst du mich mit deiner Schwester bekannt machen?‹«

Sie seufzte. »Und wenn ich was Dummes mache – was ziemlich oft passiert – oder wenn meine Noten nicht so gut sind wie bei Karen, stöhnen meine Eltern: ›Warum kannst du nicht wie deine Schwester sein?‹«

Aber sie war eben nicht wie Karen, das sah man sofort. Ihr dichtes, dunkles Haar war nicht blond gelockt. Ihre katzengrünen Augen waren nicht blau und groß. Wer die beiden zum ersten Mal zusammen sah, staunte, wenn er hörte, dass sie Schwestern waren.

»Wenn ich ein Kleid von Karen erbe, steht es mir nie so gut wie ihr. Und die Verabredungen, die Karen für mich arrangiert, gehen alle daneben.«

Ich wusste, dass Alice lieber ein abgelegtes Kleid von Karen trug als ein neu gekauftes eigenes, und anstatt sich ihren nächsten Freund selbst auszusuchen, übernahm sie lieber einen Verflossenen von ihrer großen Schwester. Was Karen gehört hatte, das *musste* einfach gut sein ...

Es war nicht so, dass Karen Alice niedermachte. Im Gegenteil: Sie war stets die Erste, die Alices Begabungen entdeckte und ihr Mut machte, etwas aus ihnen zu machen. Sie hatte Alices Zeichnungen in den höchsten Tönen gelobt und sie eine echte Künstlerin genannt. Sie war begeistert über Alices Versuche gewesen, die Lieder, die sie schrieb, auf der alten Gitarre ihres Vaters zu begleiten, und hatte sie in das Lobpreisteam der Gemeinde eingeladen.

»Na ja.« Alice lachte tonlos. »Als ob ich mich im Ernst vor all die Leute stellen würde, um zu erleben, wie ich plötzlich keinen richtigen Ton mehr herausbekomme. Und wer will denn noch

Karens mittelmäßige Schwester hören, wenn Karen gerade selbst stehende Ovationen für ihr Solo bekommen hat?«

Sie hielt inne. »Mittelmäßig. Ja, das ist das richtige Wort für mich. Als Glied dieser hochbegabten Familie kann ich ein paar Sachen ganz gut, aber eine Leuchte bin ich nirgends. Wenn ich plötzlich von der Erde verschwinden würde, würde es ziemlich lange dauern, bevor jemand merkt, dass ich nicht mehr da bin.«

Als ich ihr sagte, dass das nicht wahr sei, zuckte sie die Achseln. »So ist das eben«, sagte sie, »und so wird das immer sein.«

Der Samthase

Wie die Titelfigur in Marjorie Williams kleiner Geschichte über den »Samthasen«, wollen wir alle so gerne *echt* sein.

»Das passiert nicht einfach so eins, zwei, drei«, sagte das Lederpferd dem Samthasen, als sie sich über die wunderbare Verwandlung unterhielten, durch die aus Stofftieren *echte* Tiere werden. Das Pferd beschrieb dem Samthasen die Schmerzen, die es bereitet, *echt* zu werden: Das Kind reibt einem den Großteil des Fells ab, zieht an den Beinen, bis sie ganz schlaff sind, und irgendwann verliert man die Augen. »Aber wenn ein Kind dich ganz lange liebt, wenn es nicht nur mit dir spielt, sondern dich *wirklich* lieb hat«, endete das Pferd mit andächtiger Stimme, dann wirst du *echt.*«

~

Aus irgendeinem Grund, den ich nie ganz verstehen werde, hat der Schöpfer des Alls mich geliebt, mich wirklich geliebt, obwohl ich im Laufe der Jahre meine Beziehung zu ihm sträflich vernachlässigt und ihn in die Rumpelkammer meines Lebens verbannt hatte, wo der ganze andere Kram lag, den ich nicht mehr brauchte.

Bis ich eines Tages erkannte, dass er in einer sternenhellen Nacht vor etwa zweitausend Jahren, in der Realität eines muffigen

Stalls, *Immanuel* wurde – »Gott mit uns«. Und »all denen, die ihn aufnahmen und an seinen Namen glaubten, gab er das Recht, Gottes Kinder zu werden« (Johannes 1,12).

Mit anderen Worten: Durch die wunderbare »Magie« der Liebe Gottes werden wir, in dem Maße, wie wir den erkennen, »in dem wir leben, handeln und sind« (Apostelgeschichte 17,28), *echt*. Wir bekommen diese Beziehung zu Gott, die uns erst wirklich lebendig macht, durch Jesus Christus und nicht durch das Abspulen von ein paar religiösen Pflichten. In Johannes 10,10 sagt Jesus: »Ich aber bin gekommen, um ihnen das Leben in ganzer Fülle zu schenken.«

Die Frau des Gastwirts verstehen

Erinnern Sie sich an all die Krippenspiele, wo der stämmige Gastwirt Maria und Josef erst schroff abweist und ihnen dann widerwillig seinen Stall zur Verfügung stellt? Erinnern Sie sich an seine Frau? Natürlich nicht, die gibt es nicht. Aber den Gastwirt gibt es auch nicht, jedenfalls nicht in den biblischen Berichten. Im zweiten Kapitel des Lukasevangeliums, der einzigen Stelle, wo der Stall und die Hirten erwähnt werden, heißt es einfach: »Sie wickelte ihn in Windeln und legte ihn in eine Futterkrippe, weil es im Gasthaus keinen Platz für sie gab.«

Aber wenn es ein Gasthaus gab, dann muss dieses Gasthaus auch einen Wirt gehabt haben. Und welcher normale Wirt hätte wohl ein Gasthaus wie das damals in Bethlehem (es muss ziemlich groß gewesen sein) geführt ohne eine Frau, die ihm beim Kochen, Servieren und Putzen half oder die wenigstens den Dienern auf die Finger sah und mit dafür sorgte, dass der Betrieb lief?

Ein erfolgreicher Gastwirt konnte damals immer eine Ehefrau bekommen, ob er nun direkt um sie warb oder die Ehe ohne ihr Einverständnis mit ihrem Vater arrangierte. Sehr wahrscheinlich wird er, der in seinem Haus und Beruf der Boss war, eine Frau bevorzugt haben, die biegsam und fügsam war, eine, die er bequem herumkommandieren konnte.

Da die Bibel sich über den Gastwirt in Bethlehem ausschweigt, ist seine Ehefrau, wie auch die Mutter des verlorenen Sohnes, eine Figur, die ich erfunden habe. Ihre Wunden und Sehnsüchte sind einfach die Wunden und Sehnsüchte vieler Frauen der damaligen Zeit, wie auch vieler Frauen bei uns heute.

Die meisten von uns suchen, wie die Frau des Gastwirts, nicht nach Größe und Ruhm. Wir möchten einfach als Person anerkannt werden. Wir möchten, dass das, was wir sind und tun, geschätzt wird. Wir möchten, dass wir jemandem wichtig sind.

Zachäus

Zachäus hatte größere Ambitionen. Er war ein arroganter Steuereintreiber in Jericho, der mit dem Geld, das er den Leuten aus der Tasche presste, reich geworden war. Als er hörte, dass Jesus in der Stadt war, wollte er ihn sehen. Wahrscheinlich hatte er die Wunderberichte über ihn gehört und wollte diesen Mann einmal selbst in Augenschein nehmen.

»Zachäus hatte versucht, einen Blick auf Jesus zu werfen, aber er war zu klein, um über die Menge hinwegschauen zu können. Deshalb lief er voraus und kletterte auf einen Maulbeerfeigenbaum am Wegrand, um Jesus von dort aus vorübergehen zu sehen. Als Jesus kam, blickte er zu Zachäus hinauf und rief ihn beim Namen: ›Zachäus!‹, sagte er, ›komm schnell herunter! Denn ich muss heute Gast in deinem Haus sein‹« (Lukas 19,3-5).

Zachäus sah nicht nur Jesus, sondern (was viel wichtiger war) Jesus sah ihn, und das veränderte sein ganzes Leben. Als Zachäus sein Spiegelbild in den Augen von Jesus sah, *wurde* er das, was Jesus sah. Er wurde der neue Zachäus, den Jesus wollte.

Einzigartig

Gott hätte alle Blumen rot, alle Herbstblätter gelb, alle Schneeflocken rund und alle Gemüsesorten als grünen Salat erschaffen können. Stattdessen schuf er eine unendliche Vielfalt. So wie es keine zwei gleichen Schneeflocken gibt, gibt es auch keine zwei gleichen Menschen. Jeder von uns ist ein Individuum, das von Gott geliebt ist.

Er erwartet nicht, dass ich so bin wie Sie oder dass Sie so sind wie Ihr Bruder oder Freund. Er steckt uns nicht in eine Rüstung, die uns überhaupt nicht passt, wie bei dem jungen David in 1. Samuel 17.

Gott schaut nicht darauf, ob Sie schön genug sind, um die nächste Miss Germany zu werden, oder ob Sie die viel zu große Nase ihres Großvaters geerbt haben oder die schiefen Zähne Ihrer Tante. Er interessiert sich nicht nur dann für Sie, wenn Ihr Leben voller Abenteuer und Termine ist, sondern auch, wenn Sie Ihre Tage als Putz- oder Toilettenfrau verbringen. Er möchte in Ihr – jawohl, Ihr! – Leben hineinkommen und an ihm teilhaben.

Auf einem T-Shirt las ich einmal den Spruch: »Ich bin jemand, weil Gott keinen Schrott macht.« Genauso sieht die Bibel es auch. Keiner von uns ist ein Fehler, keiner ist ein Stück Ausschuss.

> »Denn wir sind Gottes Schöpfung. Er hat uns in Christus Jesus neu geschaffen, damit wir zu guten Taten fähig sind, wie er es für unser Leben schon immer vorgesehen hat« (Epheser 2,10).

> »Was kosten fünf Spatzen? Vielleicht ein paar Cent? Und doch vergisst Gott nicht einen Einzigen von ihnen. Und auch die Haare auf eurem Kopf sind alle gezählt. Habt deshalb keine Angst, denn ihr seid ihm wertvoller als ein ganzer Schwarm Spatzen« (Lukas 12,6-7).

> »Du hast alles in mir geschaffen und hast mich im Leib meiner Mutter geformt. Ich danke dir, dass du mich so

herrlich und ausgezeichnet gemacht hast! Wunderbar sind deine Werke, das weiß ich wohl. Du hast zugesehen, wie ich im Verborgenen gestaltet wurde, wie ich gebildet wurde im Dunkel des Mutterleibes. Du hast mich gesehen, bevor ich geboren war. Jeder Tag meines Lebens war in deinem Buch geschrieben. Jeder Augenblick stand fest, noch bevor der erste Tag begann« (Psalm 139,13-16).

Gott kannte Sie schon, als Sie nur ein Leuchten in den Augen Ihres Vaters waren. Er wartet nicht darauf, dass Sie ein perfektes Gebiss oder eine gerade Nase bekommen, bevor er Sie lieben kann. Er fordert Sie nicht dazu auf, zuerst Ihren Charakter zu ändern. Er sieht und liebt Sie so, wie Sie sind.

Unter dem Fluch

Aber sind wir Frauen nicht unter dem Fluch? Sie wissen schon, die Folgen von Evas kleiner Eskapade im Garten Eden. Wenn Sie das nicht verstehen, werden Sie genügend Männer finden, die es Ihnen haarklein erklären. Selbst manche Frauen werden es Ihnen bestätigen: Seit die Schlange Eva austrickste, sind wir Frauen nur noch zweite Wahl und haben schön still und brav zu sein.

Jahrhundertelang hat man den Frauen eingetrichtert, dass sie still zu sein, sich um die Kinder und den Hausputz zu kümmern und ein gutes Essen auf den Tisch zu bringen haben. Wenn das stimmt, wie sollen wir uns dann die Worte in Galater 3,28 erklären: »Nun gibt es nicht mehr Juden oder Nichtjuden, Sklaven oder Freie, *Männer oder Frauen.* Denn ihr seid alle gleich – ihr seid eins in Jesus Christus.«

Jesus stellte das klar, als er Maria ausdrücklich das Recht zugestand, ja sie ermutigte, als sein Schüler zu seinen Füßen zu sitzen – damals eine typische Männersache. Die Bedeutung dieser kleinen Episode in Lukas 10,38-43 wird oft übersehen. Dass auch Frauen lernen durften, ja lernen sollten, war eine Revolution in der damaligen patriarchalischen Gesellschaft.

Viele Christen (Männer wie Frauen) gehen heute davon aus, dass die Anordnung des Paulus in 1. Korinther 14, dass die Frau in der Gemeinde nicht reden (geschweige denn predigen oder lehren) darf, lange Zeit missverstanden wurde und dass Paulus lediglich die konkrete Situation in der Gemeinde in Korinth meinte, in der es Probleme mit gewissen weiblichen Gliedern gab.

Paulus als den großen Frauenfeind darzustellen, geht ohnehin nicht an. Er zeigt in seinen Briefen große Hochachtung vor den vielen Frauen, die seine Mitarbeiterinnen waren: Priszilla (die zusammen mit ihrem Mann Aquila in der Gemeinde mitarbeitete, Apostelgeschichte 18), Lydia (die eine leitende Funktion in der Gemeinde in Philippi innehatte, Apostelgeschichte 16,13-15.40), Phöbe (eine Diakonin, Römer 16,1), Evodia und Syntyche (Mitarbeiterinnen des Paulus in Philippi, Philipper 4,2-3), Junia (Römer 16,7) und andere.

Lukas bezeugt in seiner Apostelgeschichte mehrfach die Hochachtung, die Frauen in der alten Kirche genossen. Paulus wie Lukas ging es dabei nicht darum, die Männer kleiner zu machen, sondern den Frauen die Rolle zu geben, die Gott für sie vorgesehen hatte.

Zweitausend Jahre länger als nötig haben die Frauen die Strafe Evas tragen müssen. Als Jesus am Kreuz starb, setzte er diesen uralten Fluch außer Kraft. Er zertrat den Kopf der Schlange und gab der Frau die Stellung zurück, die sie gehabt hatte, bevor Eva der Schlange begegnete. Gehilfin, nicht Dienerin. Gleich, nicht minderwertig. Seite an Seite mit dem Mann, nicht drei Schritte hinter ihm. In Christus arbeiten Männer und Frauen gemeinsam am Bau des Reiches Gottes.

Ähnlich verbrachte Alice zwei Jahrzehnte zu lange im Schatten ihrer Schwester – zwei Jahrzehnte, in denen sie freiwillig und völlig unnötig die Rolle der Zweitbesten und Mittelmäßigen übernahm. Es tat mir weh, mit anzusehen, wie sie Chancen, Beförderungen und Beziehungen verpasste.

Und dann saß Alice eines Tages in ihrer Kirche, als ein Passionsspiel aufgeführt wurde. Der Erzähler sagte: »Selbst wenn du damals der einzige Mensch auf der Erde gewesen wärest, Jesus wäre für dich gestorben.« Unter Tränen erkannte Alice urplötzlich, dass Jesus ihr keine Erlösung zweiter Klasse geschenkt hatte. Er war für sie gestorben, für sie ganz persönlich! Es dämmerte ihr, wie sehr Jesus sie liebte, wie wertvoll sie ihm war – und endlich begriff sie, dass Gott sie ja nie als Kopie ihrer Schwester gedacht hatte. Ihre Beziehung zu ihm war direkt und vollwertig. Sie war exakt die Person, die sie nach seinem Willen sein sollte.

Sie würden Alice nicht wiedererkennen, wenn Sie ihr heute begegnen würden. Sie ist eine Führungskraft in einer großen Firma, wo sie die Hochachtung der Mitarbeiter genießt. Sie hat einen Mann, der sie verehrt, und jawohl, sie singt die Altstimme im Lobpreisteam ihrer neuen Gemeinde.

Manche Menschen verbringen Jahre im Morast des Selbstmitleids und des »Wenn ich nur ...«. Sie werden nicht müde, sich an all das zu erinnern, was bei ihnen falsch gelaufen ist – dass sie ein uneheliches Kind waren, dass ihre Mutter sie nicht wollte oder der betrunkene Vater sie schlug, dass sie in der Schule gemobbt wurden und dass sie den Falschen geheiratet haben. Und so weiter und so fort.

Selbstverständlich sind wir alle durch unsere Herkunft, unsere Kindheit und die verschiedenen Umstände unseres Lebens geprägt. Aber irgendwo kommen wir an einen Punkt, wo wir, und nur wir, dafür verantwortlich sind, wie es weitergeht. Wenn wir dann die Begegnung mit Gott suchen, wird er uns lieben – *wirklich* lieben –, bis wir nicht mehr das Produkt unserer Umstände sind, sondern, wie Alice und Zachäus, das werden, was Gott mit uns vorhat.

Zurück zu Debora

Unsere Begegnung mit Gott ist die Begegnung mit dem Herrn, der in einem Stall in Bethlehem geboren wurde, ein Leben ohne jede Sünde führte, für unsere Sünden am Kreuz starb und für uns den Tod besiegte. Falls auch Debora diesem Herrn begegnete, wird diese Begegnung etwas anders verlaufen sein – und doch bemerkenswert ähnlich.

Debora hatte eigentlich vorgehabt, gleich noch einmal zu dem Stall zu gehen, mit ein paar Utensilien für die Geburt, aber die Arbeit und die Ungeduld ihres Mannes hatten kein Ende genommen und sie bis tief in die Nacht beschäftigt gehalten. Jetzt war es endlich still in dem Gasthaus, bis auf das Schnarchen der Gäste auf ihren Lagern und das ihres Mannes, das aus dem Vorratsraum kam.

Sie wusste: Jetzt war es zu spät für das heiße Wasser und für das Salz, um das Neugeborene abzureiben, zu spät für Windeln oder ein scharfes Messer zum Durchtrennen der Nabelschnur. Sie konnte nur hoffen, dass Maria diese Dinge dabeigehabt hatte.

Sie packte stattdessen einen Korb mit Käse und Brot, füllte einen kleinen Krug mit Ziegenmilch und holte die beiden letzten Decken aus dem Schrank. Dann wickelte sie das Tuch um sich und schlüpfte durch die Hintertüre in die Nacht hinaus.

Die Luft war kalt, es ging ein leichter Wind. Komisch, der Hof war fast so hell wie bei Tage. Sie schaute zum Himmel hoch. Über dem Hügel, in dem die Stallhöhle war, leuchtete ein ungewöhnlich heller Stern – ein Stern, wie sie ihn noch nie gesehen hatte. Er hing so tief, als wollte er die Erde berühren. Sie ging zu dem Eingang der Höhle.

Das Flackern eines Feuers und das Gemurmel von Stimmen begrüßten sie. Nanu, der Stall war voll von Menschen; einige standen sogar draußen.

»Auf einmal waren Engel da«, sagte ein Mann.

»Scharen von Engeln«, ergänzte ein anderer.

»Und sie sangen alle und lobten Gott«, fuhr der Erste fort.

Was ging hier vor? Was waren das für Leute? Die Höhle war kaum groß genug für das arme Paar; Debora hatte ihren eigenen Esel und die beiden Ziegen sogar draußen angebunden, damit die beiden mehr Platz für sich und das Kind hatten.

Sie hörte, wie eine Frau leise lachte. »Kommt rein und schaut ihn euch an«, sagte sie.

Die Männer drängten sich noch tiefer in die Höhle; Debora hörte, wie sie mit gedämpften Stimmen Gott lobten. Es waren eindeutig Hirten, daran ließen ihre Kleider und der typische ungewaschene Schafpferchgeruch keinen Zweifel. *Sie sind meistens raue Gesellen, diese Hirten. Ich kann mich an keinen erinnern, der je von Engeln gesprochen oder Gott gepriesen hätte.*

»Es ist also wirklich wahr«, sagte einer der Hirten. »Der Engel sagte uns: ›Ihr werdet das Kind in Windeln gewickelt in einer Krippe finden.‹ Und hier liegt es tatsächlich!«

»Mein Großvater sagte immer, dass die Propheten vorhergesagt haben, dass der Messias in Bethlehem geboren wird«, meinte ein anderer.

»Mein Vater sagt, der Messias wird aus dem Haus Davids kommen«, sagte eine neue Stimme. »Sicher seid auch ihr, wie alle anderen Besucher, die gerade in Bethlehem sind, hierher gekommen, weil ihr aus diesem Geschlecht seid.«

»Gelobt sei der Gott Israels! Der Messias ist gekommen!«, rief ein anderer.

Debora wollte der Atem stocken. Der Messias. Wie viele Jahre hatten sie um seine Geburt gebetet? Wie lange wartete Israel schon auf den Erlöser? *Kann es sein, dass er tatsächlich gekommen ist? Hier in unserem Stall?*

Als die Hirten, sich aufgeregt über die Wunder der Nacht unterhaltend, wieder gingen, trat sie leise in die Stallhöhle. Da lag es, das Neugeborene, auf einem Strohlager in der Futterkrippe.

Ihr Herz klopfte ihr bis zum Hals, sie konnte kaum atmen. Bestimmt waren diese Hirten betrunken. Oder sie hatte sie missverstanden. Dass *sie* Zeugin wurde, wie der Messias kam – nein, das konnte nicht sein! Aber dass er kommen würde, sagten die Propheten seit Jahrhunderten. Was, wenn es doch stimmte, was die Hirten da gesagt hatten? *O, Jahwe, wenn es nur wahr wäre!*

Sie sah, wie Maria ihr zuwinkte. »Komm und schau ihn dir an«, sagte sie lächelnd. Debora gab ihren Korb und die beiden Decken Josef in die Hand und trat zögernd zu der Krippe mit dem Kind.

»Wie schön es ist«, flüsterte sie, als sie sich über das Kind beugte, um es in dem Flackerschein des Feuers genauer in Augenschein zu nehmen. Das Kind öffnete seine Augen und schaute sie an. Ihre Blicke trafen sich, und sie zuckte unwillkürlich zusammen. So hatte sie noch keiner angeschaut. Es war gerade so, als ob dieses winzige Baby durch ihre Augen hindurch und geradewegs in ihre Seele hineinschauen konnte. Sie spürte, wie etwas wie ein kühlender Balsam über ihre inneren Wunden und Narben floss – nein, es war eher, als ob die Sonnenwärme die Leere in ihr füllte.

Sie merkte, wie sie auf den Knien lag, ihre Augen weiter auf die des Kindes geheftet, während ihr die Tränen über die Wangen rollten. »*Eli*«, flüsterte sie. »Mein Gott.«

»Er wird *Jeschua* heißen«, sagte Maria. »Das bedeutet ›Erlöser‹. Er wird jemand sein, der sein Volk aus seinen Sünden erlöst.«

Das Kind schien zu lächeln, dann schloss es seine Augen, und der Bann war gebrochen. Aber Debora war außerstande, aufzustehen. Sie beugte sich nach vorne, wie vorhin Maria auf dem Esel, als die Wehen kamen, und schluchzte in ihre Hände und ließ mit ihren Tränen ihre ganze Einsamkeit und Verzweiflung davonfließen.

Sie begriff nicht, was da gerade passiert war. Sie wusste nur, dass sie nicht mehr die war, die keiner sah. *Jeschua* hatte in die Tiefen ihrer Wertlosigkeit hineingeschaut – und sie trotzdem geliebt. Nie mehr würde sie bezweifeln, dass sie *echt* war. Nie mehr würde sie leer und allein sein.

~

»Wenn du ein Mal *echt* geworden bist«, sagte das Lederpferd zu dem Samthasen, »kannst du nie mehr unwirklich werden. Das bleibt, für immer.«

9

Lydia

Thema: Gottes Fürsorge

Lesen Sie in der Bibel: Apostelgeschichte 16,13-15.40

Mit einem Seufzer nahm Lydia den Korb mit ihrem Mittagessen und begann den kurzen Gang zum Marktplatz. Die Trauerzeit für ihren Mann war vorbei; das Leben musste weitergehen. *Ob ich will oder nicht,* dachte sie. Ohne Marcus war alles so sinnlos.

Wenn sie sich abends schön gemacht und ihr Haar so ausgiebig frisiert hatte, hatte sie das getan, um die Bewunderung in Marcus' Augen zu sehen. Wenn sie mit der Köchin ein ganz besonderes Gericht geplant oder irgendeine Leckerei gerichtet hatte, hatte sie es getan, um zuzuschauen, wie er voller Genuss aß. Wenn sie ein Zimmer neu gerichtet oder eine Rarität, die sie auf dem Markt gefunden hatte, aufgestellt hatte, war ihr Glück erst vollkommen gewesen, wenn er sich gebührend gefreut hatte.

Am allerschlimmsten war, dass sie niemanden mehr hatte, mit dem sie über das, was sie bewegte, reden konnte. Sie liebte ihre drei Kinder natürlich sehr, aber Decimus und Augustus waren Jungen und Claudia war noch zu klein, um alles zu verstehen. Wer half ihr bei ihrer Suche nach einem Gott, dem sie vertrauen konnte? Wer war bereit, sich ihre Träume anzuhören? Wer nahm sie nachts beruhigend in den Arm, wenn sie aus einem Albtraum aufschreckte? Es war, als ob ihr früher so buntes Leben nur noch aus Schwarz- und Grautönen bestand.

Am Rande des Marktplatzes hielt sie an und betrachtete die breiten, flachen Pflastersteine der *Via Egnatia*, die zu dem fast zehn Meilen entfernt gelegenen *Neapolis* am Ägäischen Meer führte. Sie drehte sich um und schaute zu den weißen Kolonnaden und sonnengebleichten Läden hin, wo die gleiche Straße in der anderen Richtung zu den westlichen Hügeln Richtung Rom führte, das auf der anderen Seite der Adria lag. *Ja, es stimmte; alle Straßen führten nach Rom.*

Sie war noch nie in Rom gewesen. Marcus sehr wohl; mehrere Male hatte er die Reise unternommen, um seine Waren an das Haus des Kaisers zu liefern. Das Purpurrot der schönen Tücher, mit denen Marcus handelte, kam nicht von den wenig dauerhaften Farben, die aus Wurzeln hergestellt wurden, sondern allein vom Gehäuse der Purpurschnecke, einem Weichtier aus dem Mittelmeer und der Ägäis. Marcus' Tuch war begehrt bei den Kunden, die Purpur trugen, um damit ihren Reichtum und ihre gesellschaftliche Position zu signalisieren.

Marcus war als Purpurhändler zu Wohlstand gekommen. Das weiße Steinhaus, das er am Rande von Philippi gebaut hatte, war groß und komfortabel, und Lydia hatte viele Sklaven, die ihr den Haushalt machten. Sie und ihre Kinder waren materiell bestens versorgt.

Sie seufzte wieder. Sie war reich, aber der Reichtum befriedigte sie nicht. *Was meine Kinder und ich brauchen, ist ein Vater und Ehemann.* Wie sie Marcus' Kraft vermisste und seine Weisheit, jetzt, wo sie versuchte, das Geschäft alleine weiterzuführen – die Firma, die er ihr hinterlassen hatte, als er eines Abends auf dem Nachhauseweg von der Werkstatt auf der Straße tot zusammengebrochen war.

Seit Jahren hatte sie nicht mehr in der Firma gearbeitet. Sie hatte Angst, dass sie alles vergessen hatte, was sie je über die Herstellung der Purpurfarbe und -tücher gewusst hatte, obwohl schon ihre Eltern Purpurhändler gewesen waren, damals in Thyatira. Als sie starben, war Lydia eine junge Ehefrau gewesen. Kurz danach hatte ihr Mann die Firma hundert Meilen weit nach Philippi verlegt, einer römischen Kolonie, die die größte Stadt Mazedoniens war.

Der Erlass des Kaisers Augustus, dass die römischen Familien in die Kolonien zu ziehen hatten, damit er sie leichter regieren konnte, hatte viele, die berechtigt waren, den königlichen Purpur zu tragen, nach Philippi gebracht. Dazu kamen die Offiziere der nahe gelegenen Garnison, denen man Philippi gerne als Altersruhesitz anbot.

Marcus war es lieber gewesen, dass Lydia zu Hause blieb, den Haushalt führte und die Kinder erzog. Zur Tuch- und Farbenherstellung hatte er Sklaven eingesetzt, zu deren Aufseher er Caleb ernannt hatte, einen älteren Juden und erfahrenen Tuchmacher. In den Tagen, die vor ihr lagen, würden ihr Caleb und sein Wissen unentbehrlich sein.

Die meisten Römer teilten die Verachtung des derzeitigen Kaisers Claudius für die Juden, der diese kurzerhand aus Rom ausgewiesen hatte. In Philippi gab es kaum Juden; ihre Zahl reichte noch nicht einmal, um die von ihrer Religion vorgeschriebene *Minjan* zu bilden, die Mindestanzahl von zehn Männern, die für die Abhaltung eines Synagogengottesdienstes notwendig war.

Seit Kurzem ging Lydia regelmäßig die anderthalb Meilen zum Ufer des Gangites, wo eine Gruppe jüdischer Frauen jede Woche ihren unsichtbaren Gott anbetete, den sie *Jahwe* nannten. Lydia war keine Jüdin, aber die hohe Moral des jüdischen Gesetzes und die Liebe, die sich in den Lehren über *Jahwe* zeigte, zogen sie weit mehr an, als die grausamen, egoistischen römischen Göttinnen und Götter.

Caleb und ich werden keine Probleme wegen seiner Religion bekommen, dachte sie, *aber wie wird er sich fühlen, wenn auf einmal eine Frau die Firma leitet und er ihren Anweisungen folgen soll?* Hier im modernen Philippi hatten Frauen natürlich mehr Freiheiten als an vielen anderen Orten. Lydia kannte mehrere, die ihr eigenes Geschäft hatten.

Da war der Laden. Sie sah, dass Caleb die Markise bereits aufgespannt und auf einem kleinen Tisch die Warenmuster schön ausgelegt hatte. Hinter dem Tisch und zwei Schemeln sah man die offene Tür in den eigentlichen Laden.

Aus der Werkstatt hinter dem Laden kamen halblaute Stimmen in mehreren Sprachen. Einige der Sklaven, die Marcus von Anfang an gehabt hatte, waren Experten im Weben und Färben der weichen Woll- und Leinenstoffe geworden sowie in der Weiterverarbeitung der Seiden, die die Firma aus dem Fernen Osten importierte.

»*Boker tov,* Herrin«, grüßte Caleb sie. Seine braunen Augen glitzerten in seinem dunklen, runzligen Gesicht. »Was kann ich für Euch heute Morgen tun?«

Sie spürte, wie sie unruhig wurde. Wusste Caleb nicht, dass sie jetzt die Chefin war? »Guten Morgen, Caleb«, erwiderte sie. »Ich bin so froh, dass du da bist. Ich werde deinen Rat brauchen, wenn ich lernen will, wie man die Firma leitet.«

Die Augen des Alten wurden schmaler, er strich sich über seinen dichten grauen Bart. »Vielleicht habe ich Euch falsch verstanden, Herrin, aber ich dachte, euer ältester Sohn, Decimus, wäre der neue Eigentümer. Er hat hier viele Stunden mit seinem Vater – möge er in Frieden ruhen – verbracht, und auch wenn er noch viel zu lernen hat, ist er ein kluger Junge, und bald wird er erwachsen werden.«

Lydia wusste, dass Decimus die Purpurbranche hasste. Schon bald nach dem Tod seines Vaters hatte er ihr gesagt, dass er sich am liebsten in eine Offiziersstelle in der Armee einkaufen wollte, sobald er alt genug war. Sie würde gar nicht erst versuchen, ihn zu zwingen, seine Träume fahren zu lassen.

Es war der 13-jährige Augustus, der immer so gerne mit seinem Vater in den Laden und die Werkstatt gegangen war. Wenn er nach Hause kam, kannte er kein anderes Gesprächsthema als den faszinierenden Prozess, durch den man der Purpurschnecke die Farbe entzog, sowie die verschiedenen Methoden, die diversen Tucharten zu trocknen. Natürlich war er vorerst noch zu jung, um die Stelle seines Vaters als Chef der Firma einzunehmen.

Sie legte ihre Hand auf die Schulter des Alten. »Caleb, ich werde die Firma weiterführen – wie ich hoffe, mit deiner unschätzbaren

Hilfe. Du kannst so lange hierbleiben, wie du willst. Decimus ist erst 15. Irgendwann wird er – oder vielleicht auch Augustus – die Firma übernehmen, aber bis es so weit ist, muss ich sie führen oder sie verkaufen.«

Der Alte schaute zu Boden. »Jawohl, Herrin«, erwiderte er steif.

O, Caleb, dachte sie, *bitte mach mir keinen Ärger wegen deiner altmodischen Meinung, dass eine Frau nur dazu taugt, Kinder zur Welt zu bringen, zu kochen, zu putzen und ihrem Mann zu gefallen! Das habe ich alles gemacht und ich habe sie geliebt, diese schönen Tage zu Hause, aber jetzt, wo Marcus nicht mehr ist, ist alles anders.*

»Man kann nie wissen, Caleb«, sagte sie. Sie konnte der Versuchung, ihn etwas zu necken, nicht widerstehen. »Vielleicht wird auch meine Tochter Claudia der nächste Purpurhändler in unserer Familie. Aber sie ist erst zehn und sollte zunächst noch einige Jahre älter werden.«

Caleb schnappte nach Luft. »O, Herrin, ich ...«

»Caleb«, unterbrach sie ihn, »glaube mir, es wäre mir lieber, wenn Marcus noch hier wäre, um seinen Platz in dieser Männerwelt einzunehmen, und ich weiter die Hausfrau, Mutter und Ehefrau sein könnte. Aber er ist von mir gegangen, und ich habe keine andere Wahl, als zu versuchen, in seine Fußstapfen zu treten, zumindest so lange, bis Decimus oder Augustus – oder Claudia – erwachsen ist und sich für die Firma interessiert. Ich möchte nicht verkaufen. Ich will, dass die Firma in der Familie bleibt.«

Der alte Mann starrte sie an, dann schaute er wieder zu Boden. Sie hoffte, dass er nicht hören konnte, wie heftig ihr Herz klopfte bei dem Gedanken, dass er womöglich jetzt in den wohlverdienten Ruhestand gehen würde, auf den er sich, wie Marcus ihr erzählt hatte, so freute. Da er kein Sklave war, konnte sie ihn nicht zwingen, zu bleiben.

»Du bist stets ein treuer Mitarbeiter meines Mannes gewesen«, fuhr sie rasch fort, »und ich brauche deine Dienste weiter. Du musst mich alles lehren, was du kannst. Kann ich auf deine Hilfe zählen?«

Caleb hob seinen Blick wieder und sah sie an. Seine Art war weiter steif, aber er neigte den Kopf, zum Zeichen, dass er das, was sie gerade gesagt hatte, verstanden hatte. »Ich verstehe, Herrin. Ich werde Euch Bescheid geben.« Er ging zurück in den Laden; sie hörte, wie er jemandem in der Werkstatt irgendwelche Anweisungen gab.

Hinter ihr klapperte es metallisch. Sie drehte sich um und schaute direkt in die durchdringend blauen Augen eines römischen Centurios, der hinter dem Tisch stehen geblieben war.

»Ich suche den Purpurhändler Marcus«, sagte er. »Ich komme von Rom, mit einer Bestellung vom Kaiser.«

»Mein Mann ist vor Kurzem verstorben«, antwortete sie. »Aber ich nehme eure Bestellung gerne entgegen.«

Die scharfen Augen des Soldaten musterten sie einen Augenblick, dann sagte er: »Gut. Ich brauche Folgendes.« Und er fing an, eine Riesenbestellung herunterzurasseln; nach dem fünften oder sechsten Posten kam Lydia nicht mehr mit. »Ich brauche die Waren bis Ende nächster Woche; ich muss mit dem letzten Schiff zurück nach Rom, bevor die Winterstürme beginnen.«

Lydia holte tief Luft. Sie hatte keinen Schimmer, wie lange es dauern würde, die Waren fertig zu haben, aber traute sich nicht, diesem Fremden zu verraten, wie wenig Ahnung sie hatte.

»Wenn ihr bitte eure Bestellung noch einmal langsam wiederholen möchtet, sodass ich sie aufschreiben kann, kann ich euch die Sachen bis Ende nächster Woche liefern«, sagte sie. Sie betete im Stillen, dass es ihr gelingen möge, die Zusage zu halten. Wenn sie diese Bestellung zur Zufriedenheit des Kunden abwickelte, würde sie sich als würdige Nachfolgerin ihres Mannes im Beliefern des kaiserlichen Hauses mit Purpurstoffen etablieren; wenn sie versagte, konnte sie das ruinieren.

Bestimmt würde Caleb den Centurio zufriedenstellen können. Wenn er tatsächlich blieb und weiter mit ihr arbeitete. Der Gedanke, dass er vielleicht gehen würde, legte sich wie eine Eisenklammer um ihr Herz. Ohne Caleb hätte sie keine Chance, diesen Auftrag abzuwickeln oder die Firma zu leiten.

»*Jahwe*«, betete sie verzweifelt, »ich bin so allein. Wenn es dich wirklich gibt und wenn du wirklich mein Gebet hörst, dann gib bitte, dass Caleb nicht geht.«

Grace

Ich wusste, dass die 52 Jahre alte Witwe, die ich hier Grace nenne, sich schwer tat, mit dem Verlust ihres Mannes fertigzuwerden, der nach einem schweren Herzinfarkt während der Bypassoperation gestorben war. Sie war erst 16 gewesen, als sie Carl heiratete, und hatte ihr Leben an seiner Seite verbracht, hatte ihm sein Heim verschönert, die Kinder aufgezogen und ihn geliebt.

Sie war nie berufstätig gewesen, aber sie wusste: Jetzt musste sie sich eine Arbeitsstelle suchen. Die hohen Krankenhausrechnungen und die Kosten für die Beerdigung hatten ihre Ersparnisse und Carls Lebensversicherung fast aufgezehrt. Das bisschen Rente, das ihr zustand, würde vorne und hinten nicht reichen.

Den Gedanken, zu einem ihrer erwachsenen Kinder zu ziehen, konnte sie, wie sie mir sagte, nicht ertragen. Sie liebte sie und die Enkelkinder, aber sie weigerte sich, ihnen zur Last zu fallen, und sie brauchte ein Stück eigenes Territorium. Nein, sie wollte weiter in dem Haus wohnen, das sie und Carl sich 36 Jahre lang geteilt hatten.

Zum Glück war das Haus längst abbezahlt, obwohl sie noch nicht wusste, woher sie das Geld für die diversen Versicherungen und für die Grundsteuer nehmen sollte. »Ich muss unbedingt eine Arbeit finden«, sagte sie mir am Telefon, als ich sie eines Morgens anrief, um zu sehen, wie es ihr ging. »Ich bin ziemlich gesund, bis auf etwas Arthritis in den Gelenken und etwas zu hohen Blutdruck. Das Problem ist nur: Ich bin 52 und habe nichts zu bieten, was man auf dem Arbeitsmarkt verwerten kann. Was soll ich nur machen, um meine Brötchen zu verdienen?«

Ich betete mit ihr und versprach ihr, mich zu melden, wenn ich von einer Stelle hörte, die für sie infrage kam. Erst als wir wieder aufgelegt hatten – so erzählte sie mir später –, merkte sie, dass es ja nicht nur das Geld war. Es war die Einsamkeit, diese schmerzliche Sehnsucht nach Carl, die Leere ihrer Tage und Nächte.

Sie hatte so lange in der letzten Schlafanzugjacke geschlafen, die er benutzt hatte, bis sie einsah, dass sie sie waschen musste. Sie wusste, dass sie früher oder später seine Kleider durchsehen und jemandem schenken musste, der sie gebrauchen konnte. Doch sie brachte es nicht über sich, dieses letzte Band zu ihm zu kappen.

Die leeren, einsamen Jahre lagen wie ein graues Gummiband vor ihr. Plötzlich packte sie die Wut. »Carl, ich bin so sauer, dass du gegangen bist und mich allein gelassen hast!«, schrie sie. Sie schämte sich sofort. Wie konnte sie so ungerecht sein? Sie wusste doch genau, dass er nicht von ihr gegangen wäre, wenn er eine Wahl gehabt hätte. Nun ja, ganz zum Schluss war er so krank gewesen, dass der Tod vielleicht das kleinere Übel für ihn gewesen war.

O Gott, rief sie verzweifelt, *ich habe ihn so geliebt! Was soll ich nur ohne ihn machen?*

Die kleine Prinzessin

Sara Crewe, die Protagonistin in Frances Hodgson Burnetts Roman *Sara, die kleine Prinzessin,* wird wie eine Prinzessin behandelt, solange das exklusive Internat, in das ihr verwitweter Vater sie gegeben hat, weil er in den Krieg muss, sein Geld bekommt. Aber dann kommt auf einmal kein Geld mehr, und Sara erhält die traurige Nachricht, dass ihr Vater gefallen ist.

Sie darf in dem Internat bleiben – aber nur noch als Dienstmädchen. Die Direktorin weist ihr eine unbeheizte Dachkammer an und gibt ihr das schlechteste Essen. Saras Herz blutet nach ihrem geliebten Vater, als sie erkennen muss, dass es niemanden mehr in der Welt gibt, dem sie wirklich wert und wichtig ist.

Mindestens zwei der zahlreichen Verfilmungen des Romans

enden mit der Entdeckung, dass Saras Vater doch nicht tot ist, sondern nur im Lazarett liegt; die beiden werden wiedervereinigt und alles ist gut. In Burnetts Roman ist Captain Crewe wirklich tot, aber sein ehemaliger Geschäftspartner sucht Sara, findet sie und eröffnet ihr, dass sie ein Vermögen geerbt hat. Sie zieht in das Haus dieses Mannes und ist für immer von der Grausamkeit der Internatsleiterin befreit.

In beiden Versionen ist es Saras Vater, der für sie sorgt, so wie unser himmlischer Vater für die Witwen und Waisen sorgt. In Psalm 146,9 lesen wir: »Der Herr beschützt die Fremden unter uns. Er sorgt für die Waisen und Witwen.« Und in 5. Mose 10,18: »Er verhilft Witwen und Waisen zu ihrem Recht.«

Lydia verstehen

In Apostelgeschichte 16 erfahren wir nur wenig über Lydia. Wir lesen, dass sie eine Geschäftsfrau und dass sie keine Jüdin war (man beachte auch ihren römischen Namen), sich aber zu einer Gruppe jüdischer Frauen hielt, die sich am Fluss zu Gebetsversammlungen traf. Sie war wohlhabend, hatte Sklaven und wahrscheinlich eine Familie sowie ein Haus, das groß genug war, um Paulus und seinen Gefährten Logis zu geben. Sie war der erste Mensch in Europa, der sich durch Paulus zum Christentum bekehrte.

Alles Weitere müssen wir zwischen den Zeilen lesen. Warum war Lydia berufstätig, obwohl sie doch schon einem großen Haushalt vorstand? Entweder hatte sie nie geheiratet oder sie war eine Witwe, die die Firma ihres Mannes weiterführte. Die meisten Historiker halten diese letztere Version für die wahrscheinlichere.

Die Größe ihres Hauses lässt darauf schließen, dass sie reich war, wie von einer Purpurhändlerin auch nicht anders zu erwarten. Purpurstoffe waren ebenso kostbar wie gefragt.

Sie muss eine angesehene Persönlichkeit gewesen sein, deren Haus fast automatisch der Versammlungsort der Anhänger des neuen Glaubens wurde. Es kann gut sein, dass sie bereits die kleine jüdische Frauengemeinde geleitet hatte, denn sie wird als Einzige aus dieser Gruppe namentlich erwähnt.

Lydia war keine »arme Witwe«. Mit Essen, Kleidung, Medizin und dergleichen war sie mehr als versorgt. Aber dafür brauchte sie andere Dinge. Sie brauchte Menschen, die ihr halfen, in einer Männerwelt eine Firma zu leiten. Sie brauchte Kraft und Unterstützung im Umgang mit den vielen Dienern und Sklaven, im Geschäft wie zu Hause. Sie brauchte dringend einen Lebensinhalt, jetzt, wo der Mann, um den sich ihr Leben gedreht hatte, nicht mehr da war.

Lydia entdeckte das, was auch viele heutige Witwen entdecken, wenn sie zu Gott um Hilfe rufen: »Der ewige Gott ist eure Zuflucht und unter euch sind seine ewigen Arme« (5. Mose 33,27).

Gott und die Witwen

Gott hat ein Herz für Witwen. In der Bibel verspricht er ihnen sogar, ihr Ehemann zu sein: »Denn dein Schöpfer ist dein Ehemann. Sein Name ist Herr, der Allmächtige!« (Jesaja 54,5).

In 2. Mose 22,21-23 warnt Gott die Israeliten: »Unterdrückt auch keine Waisen und Witwen. Wenn ihr es doch tut und sie zu mir schreien, werde ich ihren Hilferuf erhören. Dann wird mein Zorn entbrennen, und ich werde euch mit dem Schwert töten lassen, sodass eure Frauen Witwen und eure Kinder Waisen werden.«

Wir können lange suchen in der Bibel, bis wir Personen finden, denen Gott eine ähnliche Verheißung macht. Dann gibt es natürlich diverse Geschichten im Alten Testament, die ganz konkret belegen, dass Gott sich in der Tat um die Witwen kümmert.

Die Witwe von Zarpat

In 1. Könige 17 erfahren wir, wie Elia auf seiner Flucht vor der gottlosen Königin Isebel eine Weile von Raben ernährt wird und wie Gott ihm dann befiehlt, nach Zarpat zu gehen, wo er von einer Witwe versorgt werden soll. Als Elia Zarpat erreicht, sieht er eine Frau, die Brennholz sammelt, und bittet sie um etwas Wasser und Brot. Sie erwidert ihm, dass sie nur noch eine Handvoll Mehl und einen kleinen Rest Öl hat, womit sie für sich und ihren Sohn das letzte Brot backen will, bevor sie verhungern.

Elia weist sie an, zuerst für ihn ein kleines Brot zu backen und dann erst für sie und ihren Sohn, und verspricht ihr, dass das Öl und das Mehl nicht ausgehen werden, bis Gott dem Land wieder Regen schickt. Die Witwe gehorcht, und was Elia gesagt hat, wird wahr.

Als später der Sohn der Witwe stirbt, weckt Elia ihn in der Vollmacht Gottes wieder von den Toten auf. Wahrlich, Gott sorgte für diese Witwe.

Die Witwe und das Öl

In 2. Könige 4,1-7 bittet die Witwe eines Prophetenschülers Elias Nachfolger Elisa um Hilfe. Ihr Gläubiger droht, ihre beiden Söhne als Sklaven zu verkaufen, um sein Geld zu bekommen. Elisa befiehlt ihr, sich von ihren Nachbarn so viele leere Krüge wie möglich zu leihen und mit dem einen Krug Öl, den sie noch hat, zu befüllen. Das Öl reicht, bis auch der letzte Krug randvoll ist. Elisa weist sie an, das Öl zu verkaufen, mit dem Erlös ihre Schulden zu bezahlen und von dem Rest des Geldes ihren Lebensunterhalt zu bestreiten.

Ich habe mich oft gefragt, ob das Öl wohl weitergeflossen wäre, wenn die Frau noch mehr Krüge hätte auftreiben können. Wahrscheinlich schon, denn das Öl versiegte erst in dem Augenblick, als sie keine weiteren Behälter mehr hatte. Gott sorgte auch für diese

Witwe. Aber begrenzte sie möglicherweise seinen Segen, weil ihr Glaube nicht groß genug für ihn war?

Hagar

Hagar war keine Witwe, aber sie hätte gut eine sein können. Als Sara Abraham überredete, Hagar und ihren Sohn Ismael buchstäblich in die Wüste zu jagen, hatte Hagar keinen Mann, der sie hätte beschützen und ernähren können. In 1. Mose 21,8-20 erfahren wir, wie sie, als das Wasser, das Abraham ihr mitgegeben hat, ausgegangen ist, ihren Jungen in den Schatten eines Strauches legt und ein Stück fortgeht, um nicht mit ansehen zu müssen, wie er stirbt.

Aber Gott hatte andere Pläne. Er kam Hagar zu Hilfe, als ihre Situation ausweglos war. Er hörte das Schreien des Jungen und zeigte Hagar einen Brunnen, der ihr Leben und das Ismaels rettete.

Nach 1. Mose 25,17 wurde Ismael 137 Jahre alt. Er heiratete eine Frau, die wie seine Mutter Ägypterin war, und zeugte zwölf Söhne, die die Herrscher von zwölf Stämmen eines großen Volkes wurden, so wie Gott es Abraham und Hagar verheißen hatte (1. Mose 21,13.18). Gott sorgte für Hagar.

Aber, wie schon Rebekka und Jakob lernen mussten: »Gott lässt sich nicht verspotten! Denn was ein Mensch sät, das wird er auch ernten« (Galater 6,7; ELB). Der stümperhafte Versuch Abrahams und Saras, bei der Erfüllung von Gottes Verheißung nachzuhelfen, war der Keim zu der noch heute anhaltenden unerbittlichen Feindschaft zwischen Arabern (den Nachkommen Ismaels) und Juden (den Nachkommen Isaaks).

Rut und Noomi

Wesentlich fröhlicher als das Beispiel Hagars ist die bekannte Geschichte der beiden Witwen im Buch Rut. Noomi und ihre

Schwiegertochter Rut kommen als Witwen aus dem Land Moab zurück, in das Noomi, ihr Mann und ihre Söhne ausgewandert waren, um der Hungersnot in Israel zu entfliehen. Nach dem Tod ihres Mannes und ihrer Söhne beschließt Noomi, in ihre Heimat zurückzukehren, und Rut geht mit. Sie werden sie gut kennen, die Geschichte, wie Gott über Boas, den nächsten Verwandten Noomis, für die beiden Frauen sorgt.

Ruts Loyalität galt einerseits Noomi, doch andererseits auch dem Gott, mit dem Noomi sie bekannt gemacht hatte. »Dein Volk ist mein Volk, und dein Gott ist mein Gott«, erklärte sie ihrer Schwiegermutter (Rut 1,16). Diese Loyalität machte Rut zur Vorfahrin von David, ja letztlich von Jesus, dem Messias der Welt. Kann eine Witwe noch gesegneter werden?

Der Gott der Witwen – auch heute noch

Auch im Neuen Testament finden wir einen Gott, der auf die Witwen sieht. In Lukas 21,1-4 hat Jesus dem »Scherflein der Witwe« für alle Zeiten ein Denkmal gesetzt. In Lukas 7,11-17 weckt er den einzigen Sohn einer Witwe von den Toten auf. Und noch vom Kreuz herab sah er auf seine Mutter, die mittlerweile ebenfalls Witwe war, und versorgte sie (Johannes 19,25-27).

Auch heute hört man immer wieder von Witwen, denen Gott auf wunderbare Weise hindurchgeholfen hat, und die erleben durften, dass ihr Gottvertrauen sich auszahlte. Kehren wir zurück zu Grace: Als sie verzweifelt um eine Arbeitsstelle betete, kam mein Chef zu mir und fragte mich, ob ich jemanden kennen würde, der uns ein paar Tage aushelfen konnte. Es handelte sich um eine Tätigkeit, die keine besondere Ausbildung verlangte, und ich musste sofort an Grace denken. Ein netter Zufall? Wohl kaum. Hier war der Heilige Geist selbst am Werk.

Grace nahm das Angebot dankbar an, und aus dem Aushilfsjob wurde eine Vollzeitstelle. Der Umgang mit den Kollegen half ihr, von sich selbst und ihren Problemen wegzusehen. Ihre leeren Tage füllten sich, ihr Bankkonto kam wieder in die schwarzen Zahlen, und sie entdeckte, dass sie Fertigkeiten besaß, von denen sie noch gar nichts gewusst hatte. Sie wurde eine geschätzte Mitarbeiterin in der Firma, bis zu ihrer Pensionierung. Gott hat für Grace gesorgt.

In Jakobus 1,27 lesen wir: »Rein und vorbildlich Gott, unserem Vater, zu dienen bedeutet, dass wir uns um die Sorgen der Waisen und Witwen kümmern.« Dazu kommen zahlreiche andere Bibelstellen, die sich nicht speziell auf die Witwen beziehen, sie aber zweifellos mit einschließen. Hier eine Auswahl:

> »Hört auf, euch Sorgen zu machen um euer Essen und Trinken oder um eure Kleidung. Warum wollt ihr leben wie die Menschen, die Gott nicht kennen und diese Dinge so wichtig nehmen? Euer himmlischer Vater kennt eure Bedürfnisse. Wenn ihr für ihn lebt und das Reich Gottes zu eurem wichtigsten Anliegen macht, wird er euch jeden Tag geben, was ihr braucht« (Matthäus 6,31-33).
>
> »Sorgt euch um nichts, sondern betet um alles. Sagt Gott, was ihr braucht, und dankt ihm« (Philipper 4,6).
>
> »Wenn selbst Vater und Mutter mich verlassen, wird doch der Herr mich aufnehmen« (Psalm 27,10).
>
> »Denn alles ist mir möglich durch Christus, der mir die Kraft gibt, die ich brauche« (Philipper 4,13).
>
> »Herr, du gibst Frieden dem, der sich fest an dich hält und dir allein vertraut!« (Jesaja 26,3; HFA).

Für eine Witwe, die einen so liebevollen Mann hatte wie Grace, wird es immer Augenblicke geben, wo die Sehnsucht nach dem Verstorbenen wie eine Flutwelle über ihr zusammenbricht, wo die Einsamkeit ihr bis ins Mark fährt, wo das Loch in der Seele sich von nichts füllen lassen will und die ganze Trostlosigkeit ihrer Situation an die Tür klopft.

Gott sei Dank, dass unser innerer Friede und unsere Freude *nicht* von unserer Situation abhängen. Wie eine Witwe kommentierte: »Wenn diese Augenblicke kommen – und glaube mir, sie kommen –, wenn ich mich nur noch einsam fühle, dann fange ich einfach an, mit Gott zu reden, und er füllt all die Löcher mit seiner Gegenwart.«

Ich entdeckte selbst etwas über diesen unauslotbaren, die Seele sättigenden Frieden, als unsere Tochter verkündete, dass sie einen jungen Mann heiraten würde, den mein Mann und ich für einen Taugenichts hielten. Wir hatten gehört, dass er vor seinen Freunden damit geprahlt hatte, dass er sich nur deswegen »bekehrt« hatte und in unserer Gemeinde ins Taufbecken gestiegen war, damit wir nichts dagegen hatten, dass er mit unserer Tochter ging. Unsere Tochter sah dies natürlich nicht. Sie sah nur den Himmel, der voller Geigen hing.

Ich rief in meiner Not eine meiner besten Freundinnen an und bat sie, mit mir zu fasten und zu beten. Eines Morgens, als ich dasaß und vor Gott weinte, hörte ich, wie er mir antwortete. Nein, es war keine hörbare Stimme, aber die Worte klangen deutlich durch meinen Kopf: »Vertraue mir. Es wird gut werden.«

»Wie kann das gut werden?«, fragte ich. »Wenn sie ihn geheiratet hat, wird sie ihn ihr ganzes Leben nicht mehr los.«

»Vertraue mir«, sagte Gott wieder.

Was blieb mir anderes übrig? Die Hochzeitspläne nahmen Gestalt an, die Trauung kam. Die Zukunft sah düster aus, als das junge Paar in die Flitterwochen fuhr. Aber ich sollte bald lernen, dass mein innerer Friede nicht von den äußeren Umständen abhing, sondern allein von den Verheißungen Gottes.

Drei stürmische Jahre später war unsere Tochter frei. Ihr Mann war ihr wiederholt untreu geworden; bereits eine Woche nach den Flitterwochen hatte es angefangen. Damit aber hatte sie einen in der Bibel erwähnten Grund, ihn zu verlassen und ein neues Leben zu beginnen.

Zurück zu Lydia

Lydia nahm ihren Essenskorb und trug ihn in den kleinen Garten hinter dem Laden. Durch die Türe sah sie, wie Caleb mit befehlend ausgestreckter Hand einem Sklaven Anweisungen erteilte.

Sie hatte sich bei dem Alten für ihre voreilige Zusage gegenüber dem Centurio entschuldigt, aber Caleb war immer noch etwas eingeschnappt wegen der Überstunden, die sie ihnen allen zugemutet hatte. Er hatte die Bestellung gerade noch rechtzeitig fertig bekommen. Jetzt lagen die kostbaren Tuchballen fertig eingepackt da und warteten auf den Centurio, der heute kommen und sie abholen würde.

Sie hoffte, dass er möglichst bald am Nachmittag kommen würde. Heute war *Jom Shishi* (Freitag, Vorabend des Sabbat), und mit dem Erscheinen des ersten Sterns am Abendhimmel würde der Sabbat beginnen. Sie wollte den Laden gerne früh schließen. Sie wusste, dass Caleb sich auf den Sabbat vorbereiten wollte, und ihr eigenes Herz schlug schneller bei dem Gedanken, dass sie bald wieder mit den Frauen am Flussufer den jüdischen Gottesdienst feiern würde.

Sie liebte die Rituale des Sabbat – das Anzünden der Kerzen, das *Challa*-Brot, die süße Frucht des Weinstocks, die schlichten Gebete, die die Größe *Jahwes* priesen. Heute Abend war sie an der Reihe, den Weinsegen zu sprechen.

»Baruch atta, Adonai, Elohanu, melek ha-olam, borey p'ri hagafen.« Sie übte sie zum x-ten Mal, die ungewohnten hebräischen Worte.

Oder hieß es am Schluss *hagufin*? Sie sprach laut die Übersetzung des Textes: »Gepriesen seist du, o Herr, unser Gott, König des Alls, Schöpfer der Frucht des Weinstocks.«

Von hinten kam leise Calebs Stimme. »Ihr seid dabei, sehr jüdisch zu werden, Herrin.« Sie spürte, wie sie verlegen errötete; sie hatte nicht gewollt, dass ihr jemand zuhörte.

»Ich wünschte nur, mein Mann hätte deinen *Jahwe* auch gekannt, Caleb«, sagte sie wehmütig. »Er hatte wenig Zeit für die grausamen Götter der Römer. Er hätte den Gott Abrahams, Isaaks und Jakobs geliebt.« Sie seufzte. »Aber ich habe ihn ja selbst erst kennengelernt, als Marcus tot war.«

Sie zögerte, dann wagte sie es. »Was meinst du, Caleb – wo ist Marcus jetzt? Wird *Jahwe* es ihm vergeben, dass er ihn nicht kannte? Ich meine, er hat ja nie eine Chance gehabt. Oder ist er jetzt für immer an einem Ort der Qual?«

Der Alte räusperte sich umständlich. »Er wusste nichts von den jährlichen Opfern, mit denen seine Sünden so lange weitergerollt werden, bis der Messias kommt«, sagte er. »Aber er war ein guter Mann. Wir müssen ihn den Händen des Schöpfers überlassen, Herrin.«

Er vermied es, sie anzusehen, und sie spürte: Caleb hatte wenig Hoffnung für Marcus in dem Leben nach dem Tod.

»Caleb, hast du gehört, was diese Besucher, die gerade in der Stadt sind, über den Messias sagen?«, fragte sie. »Letzten Sabbat sind sie zu uns dort an dem Flussufer gekommen. Sie haben immer wieder von diesem *Jeschua* geredet, der vor einiger Zeit in Jerusalem gekreuzigt worden ist. Sie behaupten, dass er von den Toten auferstanden und der Sohn Gottes ist, der Messias, der gekommen ist, um uns alle von unseren Sünden zu erlösen.«

Caleb spuckte auf den Boden. »Gotteslästerung!«, stieß er hervor, seine dunklen Augen blitzten. »Möge *haShem* sie mit seinem Blitz erschlagen!«

Sie hatte keine Lust, mit dem Alten zu diskutieren, aber tief in ihr war eine Sehnsucht danach, zu glauben, was dieser klein gewachsene

Mann aus Tarsus und seine Begleiter gesagt hatten. Sie konnte es nicht erwarten, an diesem Abend wieder hinzugehen und mehr über diesen *Jeschua* zu hören. Die Männer hatten versprochen, dass sie wiederkommen würden.

Lydia kam als Letzte. Der Centurio war erst gegen Abend gekommen, um seine Ware abzuholen. Sie hatte Caleb schon früher nach Hause geschickt, damit er sich mit seiner Familie auf den Sabbat vorbereiten konnte. Als der Centurio wieder weg war, hatte sie ihr Umhängetuch und ihren Korb genommen und war zum Flussufer, westlich der Stadtmitte, geeilt.

Der Abendstern leuchtete schon hell am Himmel, und der klein gewachsene Jude, den sie Paulus nannten, hatte das Wort ergriffen. »Töchter Abrahams!«, sagte er. Er sah, wie Lydia dazukam, und verbesserte sich: »Und ihr gottesfürchtigen Heiden! Diese Botschaft der Erlösung ist zu uns gesandt worden.«

Lydia hörte wie gebannt zu, wie Paulus schilderte, wie Gott *Immanuel* (»Gott mit uns«) geworden war, als er seinen Sohn durch eine Jungfrau in der kleinen Stadt Bethlehem zur Welt kommen ließ, so wie die jüdischen Propheten es geweissagt hatten. Sie lauschte den Geschichten über sein sündloses Leben und seine Wunder. Als Paulus begann, von seiner Verwerfung durch die Führer der Juden, seiner Kreuzigung und seinem Begräbnis in einem geliehenen Grab zu reden, fing ihr Herz an zu rasen. Ihr Kopf fühlte sich merkwürdig schwindlig an, als ob sie gleich in Ohnmacht fallen würde. Es war ein Gefühl, wie sie es seit ihrer letzten Schwangerschaft vor fast elf Jahren nicht mehr gehabt hatte.

Mit fester Stimme beendete Paulus seine Predigt: »Aber Gott hat ihn von den Toten auferweckt, und viele Tage lang ist er von denen, die mit ihm von Galiläa nach Jerusalem gingen, gesehen worden. Er hat die Sünde und den Tod besiegt, ihr Lieben, und uns frei gemacht.«

Sie spürte, wie seine durchdringenden Augen sie ansahen. Ehe sie sich versah, lag sie auf den Knien, und die Tränen strömten ihr über das Gesicht. Dann stand er neben ihr und nahm ihre Hände. »Glaubst du das, Schwester?«, fragte er.

Sie nickte stumm. Dann strömten die Worte aus ihr heraus, als sie unter Paulus' Anleitung den Messias *Jeschua* als ihren Erlöser und Herrn annahm. Sie merkte nicht, wie um sie herum weitere der Frauen auf ihre Knie fielen und sich von Lukas und den anderen Gefährten des Paulus helfen ließen, ebenfalls *Jeschua* als ihren Herrn anzunehmen.

Ein tiefer Friede strömte in Lydias Seele hinein, wie ein warmes Salböl, nahm ihren Schmerz weg und füllte ihre Einsamkeit.

Um einen Eindruck von der Predigt des Paulus dort an dem Flussufer in Philippi zu bekommen, müssen wir uns Apostelgeschichte 13,13-48 ansehen, denn seine Worte an die jüdischen Frauen von Philippi und an Lydia sind uns nicht überliefert. Doch in Apostelgeschichte 16,14 lesen wir, dass Gott Lydias Herz für die Botschaft, die Paulus verkündete, öffnete.

Dass es Lydia ernst war mit ihrer Bekehrung, sehen wir daran, dass sie sich zusammen mit allen, die zu ihrem Haus gehörten, taufen ließ und Paulus und seine Begleiter für den Rest ihres Aufenthalts in der Stadt bei sich aufnahm. Auf dem Weg der Missionare von Lydias Haus zu dem Flussufer kam es zu jener berühmten Dämonenaustreibung bei einem Sklavenmädchen, die zur Inhaftierung und wunderbaren Befreiung von Paulus und Silas führte (Apostelgeschichte 16,16-40).

Das Haus der Lydia wurde der erste Versammlungsort der wachsenden christlichen Gemeinde in Philippi, der Paulus elf oder zwölf Jahre später, aus seiner Gefangenschaft in Rom, den Brief an die Philipper schrieb.

Vielleicht weil sie sich von den dekadenten Göttern Roms zu dem einen wahren Gott bekehrt hatte, versorgte Gott Lydia mit allem, was sie brauchte. Er gab ihr die Gelegenheit, das Evangelium zu hören und Jesus als ihren persönlichen Herrn und Heiland anzunehmen. Und er setzte ihr ein Denkmal im Neuen Testament.

Gott hat für Lydia gesorgt. Und für Hagar, Rut, Noomi, die Witwe in Zarpat, die Witwe des Prophetenschülers und Grace. Wird er dann nicht das Gleiche für jede Witwe in Not, die ihn heute von aufrichtigem Herzen sucht, auch tun?

10

Maria

Thema: Gehorsam

Lesen Sie in der Bibel: Matthäus 1–2; Lukas 2

Maria schaute Jesus hinterher, wie er am Horizont verschwand. Er hatte gesagt, dass er seinen Vetter besuchen wollte, der am Jordan war und taufte. Sie wusste nicht, warum er so plötzlich zu Johannes wollte, aber er war ihr in der letzten Zeit oft ruhelos und grüblerisch vorgekommen.

Sie seufzte auf. Ihr Ältester war immer anders gewesen, von seiner Geburt in jenem Stall in Bethlehem an und die ganzen Jahre seiner Kindheit und Jugend hindurch. Einmal, mit zwölf Jahren, war er, als sie nach den Passahfeierlichkeiten wieder von Jerusalem zurückgereist waren, auf einmal verschwunden gewesen. Sie hatten ihn schließlich im Tempel gefunden, wo er mit den Ältesten diskutiert hatte, die nur so über seine Kenntnisse der heiligen Schriften staunten.

Sie hatten mit ihm geschimpft: »Warum hast du uns nichts gesagt? Wir haben uns solche Sorgen gemacht ...« Er hatte sie ganz merkwürdig angesehen und geantwortet: »Wusstet ihr denn nicht, dass ich im Haus meines Vaters sein muss?«

Maria war es kalt den Rücken heruntergerieselt bei diesen Worten, obwohl sie ja wusste, dass ihr Ältester einen besonderen Auftrag im Leben hatte. Von der Stunde an, wo der Engel Gabriel ihr angekündigt hatte, dass sie den Sohn des Allerhöchsten zur Welt bringen würde, hatte sie gewusst, dass ihr Erstgeborener kein gewöhnliches Kind sein würde. Er würde sein Volk aus seinen

Sünden erlösen. Wie das geschehen sollte, konnte sie sich nicht vorstellen, aber sicher würde es etwas Gewaltiges sein.

Als Jesus dann größer wurde, hatte sie ihm all die wunderbaren Dinge, die sie von dem Engel, von den Hirten, von den Weisen, von der Prophetin Hanna und von dem greisen Simeon im Tempel gehört hatte, erzählt. Er schien sie auf Anhieb verstanden zu haben. Sie selbst hatte mittlerweile viele Jahre lang über sie nachgegrübelt und wusste immer noch nicht recht, was sie von ihnen halten sollte.

Und jetzt dieser plötzliche Entschluss, Johannes zu besuchen ... In der Schreinerei war gerade Hochbetrieb. Gut, Jesus hatte seine beiden nächstältesten Brüder gut in sein Handwerk eingeführt. Simon liebte es, mit Holz zu arbeiten, und war dabei, fast so ein guter Zimmermann zu werden wie Jesus selbst. Doch Maria wusste, dass Jakobus lieber beim Rabbi die Schriften studierte; sein Herz war einfach nicht in der Werkstatt. Das Herz von Jesus eigentlich auch nicht mehr. Früher hatte er gerne mit Josef gearbeitet. Sie wusste noch, wie er ihr einmal erzählt hatte, wie sehr er den Duft der Holzspäne beim Sägen mochte und das samtige Gefühl eines frisch gehobelten Bretts. Aber jetzt konnte es geschehen, dass sie ihn wie weggetreten an der Werkbank stehen sah, in seinen Händen ein Stück Holz, das er ganz vergessen zu haben schien, die Augen auf einen unsichtbaren Punkt gerichtet. Dann war er wieder der Alte und kam zu ihr, um ihr irgendetwas zu schenken, das er mit seinen begabten Händen getischlert hatte.

Manchmal bekam sie Angst, wenn sie diese Hände ansah. Sie wusste selbst nicht, warum, sie war keine von den Ängstlichen. Nur ein Mal, an jenem Tag vor vielleicht dreißig Jahren, als der Engel Gabriel ihr erschienen war, hatte sie Angst gehabt, und auch da nur einen Augenblick lang, denn das Wunderbare, was der Engel ihr sagte, hatte ihre Angst gleich wieder vertrieben.

»Fürchte dich nicht, Maria, du hast Gnade bei Gott gefunden«, hatte der Engel gesagt. »Du wirst schwanger werden und einen Sohn zur Welt bringen; den sollst du ›Jesus‹ nennen.«

Als sie den Engel fragte, wie das zugehen sollte, da sie doch noch eine Jungfrau war, hatte er geantwortet: »Der Heilige Geist wird über dich kommen und die Macht des Allerhöchsten wird dich überschatten. Deshalb wird das Heilige, das du gebären wirst, der Sohn Gottes genannt werden.«

Selbst das Wissen, dass ihre Nachbarn, ihre Verwandten, wahrscheinlich sogar Josef davon ausgehen würden, dass sie unehelich mit einem Mann geschlafen hatte, hatte sie nicht in Angst versetzt. Alles, was sie spürte, war eine demütige Dankbarkeit, dass Gott unter allen jüdischen Frauen aller Zeiten ausgerechnet sie dazu erwählt hatte, seinen Sohn – Jesus, *Jeschua* – zur Welt zu bringen. Der hebräische Name bedeutete »Erlöser«. Sie sollte nichts Geringeres sein als die Mutter des *haMeschiach,* des Messias, den Generationen von Propheten Israel verheißen hatten.

Sogar als dann die Wehen einsetzten und es keinen Raum für sie und Josef in dem Gasthaus gab, hatte sie keine Angst gehabt. Sie hatte das ganze Gewicht ihrer Bestimmung auf sich gespürt, als die Wehen immer heftiger wurden. Aber als sie dann ihr Neugeborenes in die mit Stroh gefüllte Krippe legte, war nur noch Freude da gewesen. Sie hatte die Herrlichkeit Gottes geradezu greifbar gespürt, als oben der Stern schien und die Hirten sich andächtig in der Stallhöhle drängten, um den zu sehen, von dem die Engelscharen gesprochen hatten.

Als ihre weiteren Kinder später hier in Nazareth zur Welt kamen, diesmal unter tatkräftiger Hilfe ihrer Mutter und der Hebamme, hatte sie ebenfalls keine Angst gehabt. Auch nicht, als sie sie aufzog. Selbst dann nicht, als Josef gestorben war und die Last der Kindererziehung sich allein auf ihre Schultern legte.

Aber jetzt hatte sie zum ersten Mal Angst. Der Ernst seiner Sendung schien sich wie ein Bleigewicht auf Jesus zu legen. Sie spürte es, denn zwischen ihm und ihr war immer ein besonderes Band gewesen. Obwohl er ihr manchmal so vorgekommen war wie jedes andere Kind und sie ihn nicht viel anders aufgezogen hatte als seine jüngeren Geschwister. Sie hatte ihn gestillt, seine aufgeschlagenen Knie verarztet, ihn getröstet, wenn er weinte, und zugeschaut, wie er mit den kleinen Holzspielzeugen, die Josef für ihn fertigte, im Sand spielte. Dann hatte sie zugehört, wie er bei seiner *Bar-Mizwa* perfekt die vorgeschriebenen Texte rezitierte, und miterlebt, wie er ein guter Zimmermann wurde.

Die Menschen in Nazareth sahen in Jesus nicht mehr als den Zimmermann, der der Sohn Marias und Josefs war und der mit ihren eigenen Kindern gespielt hatte. Ihre Töchter warfen hoffnungsvolle Blicke auf ihn, bevor sie sich empfänglicheren Kandidaten zuwandten.

Aber Maria wusste, dass Jesus mehr war als der Sohn des Zimmermanns. Er war der Sohn des Allerhöchsten. Sie selbst war nur das Gefäß gewesen, durch das der Erlöser in die Welt gekommen war. In der Hitze des Mittags fröstelte sie bei dem Gedanken, was für schreckliche Dinge ihren geliebten Erstgeborenen erwarten mochten. Der Erlöser der Welt zu werden, konnte nicht einfach sein. Es würde, ja es musste eine gewaltige Tat erfordern.

Sie hatte Jesus bezüglich der Schriftstellen, die von dem Messias sprachen, befragt, worauf er ihr die Worte Jesajas über die Jungfrau, die einen Sohn gebar, und die Michas, dass der Erlöser aus Bethlehem kommen würde, zitiert hatte. Jesus war ja auch von einer Jungfrau und in Bethlehem geboren worden, aber Maria wusste, dass hinter diesen schlichten Worten noch mehr liegen musste. Sie hatte gehört, wie der Rabbi die Worte des Propheten Jesaja über *haMeschiach* vorlas:

> »Er wurde verachtet und von den Menschen abgelehnt – ein Mann der Schmerzen, mit Krankheit vertraut, jemand, vor dem man sein Gesicht verbirgt. ... Doch wegen unserer Vergehen wurde er durchbohrt, wegen unserer Übertretungen zerschlagen. Er wurde gestraft, damit wir Frieden haben. Durch seine Wunden wurden wir geheilt!« (Jesaja 53,3.5).

Sie schauderte und versuchte, die furchtbaren Worte wegzuschieben, aber sie verfolgten sie, und jetzt, wo Jesus ihren Händen zu entgleiten begann und sich auf den Weg zu etwas machte, das sie nicht verstand, verfolgten sie sie noch mehr. *Schmerzen ... Krankheit ... Wunden ...* »O, *Jahwe*«, rief sie verzweifelt aus. »Was für ein Opfer wird er bringen müssen? Wann wird es kommen? Wird er es tragen können? Werde *ich* es tragen können?«

Donna

Wir hatten ihren Sohn Todd schon einmal sicher aus dem Irak herausgebetet. Dann schickte mir meine Freundin (nennen wir sie Donna) erneut eine E-Mail, in der sie mich bat, für sie zu beten. Der junge Marinesoldat war wieder in den Irak abkommandiert worden. Er war zu einem kurzen Heimatbesuch in Amerika gewesen, und an diesem Morgen würde sie ihn wieder zum Flughafen bringen.

Ich fühlte mit ihr mit. Obwohl ich selbst keine Flugangst kenne, bin ich immer ganz fertig, wenn ich eines meiner Kinder in ein Flugzeug setzen muss. Ich hasse es, zuzuschauen, wie die Maschine zu einem kleinen schwarzen Punkt wird, der in den Wolken verschwindet, der jederzeit in einen Sturm geraten oder eine Panne haben kann und der mein Kind immer weiter von mir wegträgt.

Ich wusste, dass es für Donna noch schwerer war, denn wenn das Flugzeug ihres Sohnes sein Ziel sicher erreichte, warteten anschließend noch größere Gefahren auf ihn, in einem Land, wo Krieg und Terrorismus herrschten. Es war feige von mir, aber ich war froh, dass ich nicht dabei war, als sie sich voneinander verabschiedeten.

~

Donna schob den Gedanken an den bevorstehenden Abschied von Todd beiseite und konzentrierte sich auf die perfekten Bügelfalten seiner Uniform, die blitzblank geputzten Schuhe, die keck auf seinem blonden Schopf sitzende Mütze. *Wie schön er ist.*

»Weiter darfst du nicht, Mama«, sagte Todd. »Du weißt ja, wie ernst sie es heutzutage mit der Sicherheit am Flughafen nehmen.«

»Ich weiß, Junge«, antwortete sie. Sie trank die Liebe ein, die sie in seinen blauen Augen sah, in dem Wissen, dass dieser Blick ihr im besten Fall lange und im schlimmsten für immer reichen müsste.

Todd drückte sie fest an sich. »Ich liebe dich, Mama«, sagte er, und seine Stimme wurde rau. »Danke, dass du immer für mich da warst, auch wenn ich es nicht wollte.« Er lachte leise.

Sie brachte es nicht fertig, ihm zu antworten. Sie schluckte den Kloß in ihrer Kehle hinunter und kämpfte gegen die Tränen an, die kommen wollten.

Er schüttelte kurz ihre Hand. »Mach dir keine Sorgen, mir passiert schon nichts. Bete einfach für mich. Ich habe immer gesagt: ›Keiner hat so einen Draht zu Gott wie meine Mutter.‹«

Sie lachte unsicher. »Das werde ich jeden Tag machen. Mehrmals. Viele Male.« *Und in den langen Nächten auch, wenn ich die Nachrichten von dem nächsten Terrorangriff gehört habe und mich frage, ob sie dich auch in die Luft gesprengt oder erschossen haben.*

»Flug 744 ist jetzt zum Einsteigen an Gate 2 bereit«, plärrte der Lautsprecher. Ihr Herz setzte einen Moment aus, sie schaute Todd ein letztes Mal an. Alle Worte waren gesagt. Er umarmte sie wieder, küsste sie flüchtig auf die Wange und ließ sie los. »Tschüs. Ich schreibe dir oder rufe an.« Dann rannte er den langen Gang entlang; ein Mal drehte er sich kurz um, um ihr zuzuwinken.

Sie winkte zurück und schaute ihm hinterher, bis er durch die letzten Türen verschwand. Dann drehte sie sich um und ging langsam zurück zu der Sitzreihe an der großen Panoramafensterwand, wo sie zuschauen konnte, wie die Maschine an Höhe gewann, nachdem sie ihre Schleife über dem Flughafen gedreht hatte.

Sie holte ein Papiertaschentuch aus ihrer Jackentasche und versuchte vergeblich, sich die Tränen abzuwischen, die ihre Wangen hinunterströmten, als die Maschine um die Ecke des Gebäudes in Sicht kam und zur Startbahn rollte. Als sie mühelos startete und sich höher und höher in den Himmel schraubte, zog ihr Herz sich zusammen.

Sie achtete nicht mehr auf die Menschen um sie herum und ließ den Tränen freien Lauf. Sie schluchzte und schluchzte, dass ihr ganzer Körper zitterte.

Mein lieber Sohn, die Frucht meines Körpers, die Liebe meiner Seele, ist in diesem winzigen Punkt da oben in den Wolken. Der Gedanke nahm ihr die letzte Kraft; sie sank auf den Sessel, der hinter ihr stand.

Todd ging freiwillig in den Irak. Sie hatte mit Engelszungen versucht, ihn davon abzubringen. Umsonst. Er wollte für sein Land kämpfen, er wollte seinen Teil beitragen.

»Freiheit gibt's nicht zum Nulltarif, Mama«, hatte er ihr gesagt. »Bisher hat noch jede Generation mit ihrem Blut für die Freiheit zahlen müssen, die wir hier in Amerika haben. Jetzt bin ich an der Reihe, und wahrscheinlich komme ich gesund wieder zurück, wenn alles vorbei ist. Vater hat zahllose gefährliche Einsätze über Vietnam geflogen, und als er zurückkam, hinkte er ein bisschen – das war alles.«

»Ja, und er hatte diese furchtbaren Albträume, bis zu seinem Tod«, hatte sie geantwortet. Aber sie hatte gewusst: Ihr Sohn hatte recht. Sie konnte es nicht leugnen: Eigentlich war sie stolz auf seinen Mut und seinen Patriotismus.

Wenn er nur sein Leben Gott übergeben hätte, bevor er ging, dachte sie. *Dann würde ich, wenn ihm etwas passiert, wenigstens die Gewissheit haben, dass ich ihn im Himmel wiedersehen werde.*

Aber er hatte ihr gesagt, dass er für eine Bekehrung zu Christus noch nicht bereit war. »Kann schon sein, dass ich eines Tages Christ werde, Mama, aber erst muss ich ganz sicher sein, dass das was Echtes ist, und nicht etwas, das ich nur mache, weil Vater und du mich bei jeder Gelegenheit mit zur Kirche geschleppt habt, als ich klein war.«

Die Angst kroch Donna den Rücken hinauf. Was, wenn Todd dort im Nahen Osten sterben würde? Was, wenn das Flugzeug, in dem er gerade saß, abstürzte? Dann wäre er für immer verloren ...

»O, Gott«, flüsterte sie verzweifelt, während sie von dem Fenster wegging, das nur noch den leeren Himmel zeigte, »bewahre du meinen Sohn. Stelle deine Engel um ihn herum. Und schicke ihm jemanden, der ihn mit deiner Wahrheit erreichen kann. Lass ihn nicht ohne dich in die Ewigkeit gehen.«

Das hässliche Entlein

Mutter Ente liebte alle ihre Kinder, aber sie musste zugeben, dass das Große etwas merkwürdig aussah. Einige fanden es schlicht hässlich. »Potthässlich«, lautete die Meinung der Graugans.

Armes Ding. An Land stolpert es fast über seine eigenen Füße, aber wenn es einmal im Wasser ist, gleitet es so elegant über den Teich wie eine Libelle durch die Luft. Zu dumm, dass es nicht die ganze Zeit im Wasser sein kann.

Es war irgendwie groß und schlaksig, nicht so süß und flauschig wie seine kleinen Geschwister. Nicht, dass Mutter Ente das je laut gesagt hätte. Das arme Kind musste sich schon so genug anhören, ohne dass seine Mutter es auch noch schlechtmachte.

Die Zeit verging, das große graue Kind wurde noch größer, und Mutter Ente merkte, dass es sich gar nicht wohlfühlte unter den anderen Tieren auf dem Hof. Sie sah deutlich, dass die spitzen Bemerkungen der anderen Enten, der Gänse und Hühner ihm wehtaten. Und so war sie nicht überrascht und protestierte nicht, als es eines Tages beschloss, fortzugehen.

Ein wenig schämte sie sich schon über die Erleichterung, die sie verspürte, als sie dem hässlichen Entlein hinterhersah, wie es über die Wiese watschelte und bald hinter der Hecke verschwunden war. Sie wusste, dass sie es nie vergessen würde, und sie wünschte ihm alles Gute, aber es war offensichtlich, dass es nicht zu den anderen hier passte.

Wahrscheinlich hat Mutter Ente nie erfahren, dass dieser komische Vogel, den sie ausgebrütet hatte und der wie eine Ente lief und wie eine Ente schwamm, gar keine Ente war. Er war ein eleganter Schwan, von einer Schönheit und Anmut, mit der keine der Enten, Hühner und Gänse, die ihn so verspottet und verachtet hatten, mitkam. Er sah anders aus, weil er anders war.

Maria verstehen

Wir wissen nicht, wie Jesus aussah, aber es kann nichts Hässliches an ihm gewesen sein. Er war ja der Schöpfer alles Schönen. Aber manchmal muss Maria sich ein wenig wie die Mutter des hässlichen Entleins vorgekommen sein; ihr Ältester war so anders als seine Brüder und Schwestern. Nicht selten wird ihr Gedächtnis sie flüsternd an all das Wunderbare bei seiner Geburt und in seinen Kindheitsjahren erinnert haben.

Seit es Israel gab, muss sich jedes jüdische Mädchen gefragt haben, wie es wohl wäre, die von Gott Erwählte zu sein, die den Messias zur Welt brachte. Als der Engel Gabriel Maria verkündete, dass sie diese Erwählte war, war ihre einzige Frage die, wie dies bei ihr, die noch Jungfrau war, technisch möglich wäre.

Anders als bei der Frau des Gastwirts entsprang Marias demütige Art nicht aus mangelnder Selbstachtung. Ihre innere Antenne scheint ganz auf Gott ausgerichtet gewesen zu sein; sie war bereit, alles zu tun, was er sie heißen würde. Sie war »die Dienerin des Herrn«, und als solche nahm sie die Rolle, die Gott für sie vorgesehen hatte, bereitwillig an.

Dass Maria einen gewissen Einfluss auf Jesus hatte, zeigt sich in dem Bericht über die Hochzeit zu Kana in Johannes 2. Maria hat Angst, dass das Ansehen der Gastgeber beschädigt wird, wenn der Wein ausgeht, bevor das Fest zu Ende ist, und wendet sich an Jesus, der doch bestimmt etwas machen kann.

Als Jesus sie sanft zurechtweist und ihr sagt, dass seine Stunde noch nicht gekommen ist, kann Maria dies nicht erschüttern, und sie weist die Diener schon einmal an, alles zu tun, was Jesus ihnen sagt. Worauf der Schöpfer des Weinstocks seiner Mutter den Gefallen tut und gewöhnliches Wasser in allerbesten Wein verwandelt; der gute Ruf der Gastgeber ist gerettet.

Angeblich soll Adolf Hitler von seiner Mutter in die Welt des Okkulten eingeführt worden sein; sie soll auch die Erste gewesen sein, die ihm seinen Hass auf die Juden einimpfte. Wenn das stimmt, dann kennen wir alle das furchtbare Ergebnis dieses mütterlichen Einflusses. Hitler ließ Millionen Juden ermorden und ging als einer der ganz großen Bösen in die Geschichte der Menschheit ein. Dagegen wusste Gott ganz genau, was er tat, als er die schöne junge Maria zur Mutter seines Sohnes wählte. Sie war genau die Art Persönlichkeit, durch die er in den Kindheitsjahren Jesu dessen menschliches Wesen geprägt haben wollte.

Ende der Rebellion

Wir alle haben das rebellische Wesen der alten Mutter Eva geerbt – die einen weniger, die anderen mehr. Ich habe mich früher oft gefragt, warum meine Kinder eine besonders große Portion mitbekommen zu haben schienen, bis ich eines Tages ihre Mutter etwas genauer unter die Lupe nahm.

Ich möchte keine Rebellin sein. Ehrlich nicht. Ich möchte, wie Maria, anstandslos und bereitwillig gehorchen, wenn Gott mir etwas sagt. Aber ich habe die Erfahrung gemacht, dass ich just hier am meisten zu kämpfen habe. Paulus hätte mich gut verstanden: »Wenn ich Gutes tun will, tue ich es nicht. Und wenn ich versuche, das Böse zu vermeiden, tue ich es doch« (Römer 7,19).

Es scheint, dass es Maria, anders als Paulus und mir, nie in den Sinn gekommen ist, bei Gott »Nein« zu sagen. Fast überall, wo sie in der Bibel vorkommt, begegnet sie uns als Frau, die die Rolle, die Gott ihr zugedacht hatte, bereitwillig annahm.

Können Sie sich ihren Schmerz vorstellen, als sie miterleben musste, wie Jesus wie ein gemeiner Verbrecher durch die Straßen Jerusalems geschleift und ausgepeitscht und misshandelt wurde, bis das liebe Gesicht fast nicht mehr wiederzuerkennen war? Spüren Sie es, wie Marias Herz brach, als sie dort unter dem Kreuz stand und zuschauen musste, wie die Soldaten erbarmungslos ihre Nägel durch die Hände trieben, denen sie beigebracht hatte, eine Tasse zu halten, und durch die Füße, die sie das Laufen gelehrt hatte? Hören Sie, wie sie zu Gott schrie und ihn bat, ihrem Kind wenigstens einen Teil dieses furchtbaren Leidens abnehmen zu können?

Aber keine Spur von Auflehnung. So wie sie die Ankündigung der Geburt von Jesus durch den Engel akzeptiert hatte, so akzeptierte sie auch, dass ihr Sohn für die Sünden der Menschen sterben musste, obwohl jeder Hammerschlag, der die Nägel tiefer in das Holz trieb, ihre Seele zerrissen haben muss.

Wir müssen dabei auch noch bedenken, dass Maria das, was da geschah, wahrscheinlich erst nach der Auferstehung von Jesus wirklich begriff, als sie zusammen mit ihren anderen Kindern den anbetete, den sie so gut gekannt und doch nicht gekannt hatten.

Aber Maria musste sie nicht stellen, die furchtbare Frage »Warum?«. Tief drinnen wusste sie: Für diese Stunde am Kreuz hatte sie damals in dem Stall, vor 33 Jahren, die Wehen der Geburt ertragen. Sie hatte sich nicht vorstellen können, was für Schreckliches ihr Sohn würde tragen müssen, aber so viel war ihr von Anfang an klar gewesen: Es würde etwas kosten, es würde etwas ganz Besonderes erfordern, der Erlöser der Welt zu werden.

Michal

Nicht jeder Frauengestalt in der Bibel war es gegeben, die Schmerzen und Enttäuschungen des Lebens so zu nehmen wie Maria. Als Sauls schöne junge Tochter Michal sich in David verliebte, war Saul, der Davids wachsende Beliebtheit bei dem Volk nicht ertragen konnte, hocherfreut. Dies war *die* Gelegenheit, seinem Rivalen eine Falle zu stellen! »Ich will sie ihm zur Frau geben, aber sie soll ihm zum Verhängnis werden, sodass er den Philistern in die Hände fällt«, dachte Saul (1. Samuel 18,21). Doch der Plan misslang, und mit Michals Hilfe entkam David noch weiteren Anschlägen des mörderischen Saul auf sein Leben.

Happy End? Nicht unbedingt. Während David auf der Flucht vor Saul ist, verheiratet dieser Michal kurzerhand mit einem anderen Mann (1. Samuel 25,44). Als Saul tot ist, verlangt David, dass Michal zu ihm zurückkommt. Sie ist mittlerweile seit zehn Jahren mit ihrem zweiten Mann verheiratet – wahrscheinlich sogar glücklich, denn er folgt ihr weinend, als David sie holen lässt, bis man ihm befiehlt, umzukehren (2. Samuel 3).

Warum ließ David Michal zurückholen? Hatte er sich auf einmal daran erinnert, wie sehr er sie in all den Jahren, in denen er sich eine Frau und Konkubine nach der anderen genommen hatte, geliebt und vermisst hatte? Nein. Er brauchte die Saul-Tochter aus politischen Gründen, als er den Thron ihres Vaters bestieg, und Michal wusste das genau.

Die Art, wie ihr Vater und David sie manipulierten, machte Michal zynisch und bitter. Die Szene, die das Fass endgültig zum Überlaufen brachte, war, als sie aus dem Palastfenster schaute und ihren königlichen Ehemann in seiner Unterwäsche an der Spitze einer Prozession tanzen sah, zum Vergnügen der kichernden Sklavenmädchen. »Da verachtete sie ihn in ihrem Herzen« (2. Samuel 6,16; ELB). Vier Verse weiter heißt es: »Als David nach Hause zurückkehrte, um seine Familie zu begrüßen, kam Michal, die Tochter Sauls, ihm entgegen und sagte: ›Wie würdevoll der König von Israel heute aussah! Er hat sich vor den Mägden seiner Untertanen entblößt, wie es nur einer tut, der keine Scham kennt!‹« (2. Samuel 6,20).

Wer will Michal Vorwürfe dafür machen, dass sie so bitter wurde? Die beiden Männer in ihrem Leben, die ihr größtes Vertrauen hätten genießen sollen, hatten sie als Figur auf dem Schachbrett des Spiels der Macht missbraucht. Aber sie ließ es zu, dass diese Bitterkeit sich auch zwischen sie und Gott schob und ihr den Segen nahm, den Gott eigentlich für sie bereit hatte. Michals Geschichte endet mit dem, was für eine Frau im damaligen Israel mit das Schlimmste war, was passieren konnte: »Michal aber, die Tochter Sauls, blieb ihr Leben lang kinderlos« (2. Samuel 6,23).

Zurück zu Maria

Marias Reaktion auf den bitteren Becher, den sie trinken musste, war anders als bei Michal. Die Bibel berichtet uns wenig über die Gefühle, mit denen sie den schrecklichen Szenen, die zum Tod ihres Sohnes führten, beiwohnte, aber Bitterkeit scheint ihrem Wesen gerade so fremd gewesen zu sein wie Auflehnung.

Donna hatte große Angst davor, was ihrem Sohn, der noch kein Christ war, dort in dem Krieg im Irak passieren konnte, aber auch sie war nicht bitter. Sie wusste, dass letztlich Gott die Lage unter Kontrolle hatte, und vertraute darauf, dass es sein Ziel war, Todd nicht ewig verloren gehen zu lassen. Sie nahm sich vor, darum zu beten, dass ihm nichts passierte oder dass ein Feldgeistlicher oder ein Kamerad ihm klarmachen würde, dass er Jesus Christus brauchte.

Donna und ich beten immer noch für Todds Bekehrung. Ja, er ist von seinem Einsatz sicher zurück nach Hause gekommen.

Gott hat Marias Ältesten nicht verschont dort am Kreuz. Hätte er es getan, wären wir alle verloren. Aber Maria hat ihren lieben Sohn wiedergesehen, als Sieger über den Tod. Vielleicht ist ihre Geschichte wie folgt weitergegangen.

~

Ein Vogel, den sie noch nie gesehen hatte, sang in dem Baum neben dem Brunnen. Sie wünschte sich, dass Jesus da wäre und ihr sagen könnte, was für ein Vogel es war. Sie vermisste sie, seine tiefgründigen Geschichten, sein Wissen darum, wie die Dinge in der Natur die tieferen Weisheiten *Jahwes* veranschaulichten. Wie hatte er noch gesagt? »Die Vögel säen und ernten nicht, aber ihr himmlischer Vater ernährt sie. Die Lilien arbeiten und spinnen nicht, aber noch nicht einmal Salomo in all seiner Pracht war so gekleidet wie sie.«

Sie hatte verstanden, was er damit sagen wollte: dass sie sich keine Sorgen zu machen brauchte, weil Gott selbst für sie sorgen würde. Es war eine Lektion zum Thema »Vertrauen«.

Doch manchmal hatte er in Bildern gesprochen, die hinter und unter der offensichtlichen Bedeutung noch einen tieferen Sinn zu haben schienen. Einmal, als sie den Weizen aussäten, der ihnen das Mehl für die Brote des nächsten Jahres liefern würde, hatte er wieder diesen fernen Blick in den Augen gehabt und eines der Körner zwischen den Fingern gerollt und gesagt: »Wenn das Weizenkorn nicht in die Erde fällt und stirbt, bleibt es allein. Aber wenn es stirbt, bringt es viel Frucht.«

Sie war ziemlich sicher, dass hinter diesem Satz mehr lag als eine Aussage über die Weizenernte, aber als sie ihn gefragt hatte, was er meinte, hatte er ihr versichert, dass sie es schon erkennen würde, wenn die richtige Zeit da war.

Sie hatte Jesus jetzt seit einiger Zeit nicht mehr gesehen, aber die Gerüchte über ihn gehört. Jesus hatte sich von Johannes im Jordan taufen lassen. Als er wieder aus dem Wasser stieg, so sagte man, kam auf einmal eine weiße Taube vom Himmel herab, setzte sich auf seine Schulter und eine Stimme rief: »Dies ist mein geliebter Sohn, an dem ich große Freude habe.«

Nach seiner Taufe hatte Jesus sich in die Wüste zurückgezogen. Lange. Als er zurückkam, hatte er sich verändert, fanden seine Brüder. Er strahlte eine Vollmacht und Autorität aus, die sie an ihm bisher nicht gekannt hatten, und vollbrachte die unglaublichsten Wunder. Jakobus schwor Stein und Bein, dass er mit fünf kleinen Broten und zwei Fischen Tausende von Menschen satt gemacht hatte und dass noch körbeweise Essen übrig geblieben war. Simon sagte, dass er umherzog und Kranke heilte und Dämonen austrieb. Wenn die Gerüchte stimmten, hatte er sogar Tote auferweckt.

Aber warum soll ich diese Geschichten nicht glauben?, dachte sie. *Ist er nicht der Sohn* Jahwes, *der in Menschengestalt auf die Erde gekommen ist?*

Vielleicht wollte sie nicht wirklich verstehen, was es bedeutete, der Sohn Gottes in Menschengestalt zu sein, diese ungeheure Aufgabe zu haben, die Menschen aus ihren Sünden zu erlösen. Vielleicht zog sie es vor, ihn einfach als ihren geliebten Ältesten zu sehen, der einmal die Schreinerei des Vaters übernehmen würde und der abends hungrig nach Hause kam, um das Mahl zu essen, das sie ihm gerichtet hatte, und sich mit ihr über die gewöhnlichen Dinge eines gewöhnlichen Tages zu unterhalten.

Aber sie wusste: Das war einmal, das hatte er für immer hinter sich gelassen. Die Menschen folgten ihm in Scharen, um seine Lehren zu hören und seine Wunder zu erleben. Wenn er nicht aufpasste, würde er sie nicht mehr los. Sie hatte sich schließlich von ihren anderen Söhnen überreden lassen, zusammen mit ihnen zu ihm zu gehen und zu versuchen, mit ihm zu reden.

»In einer Synagoge hat er behauptet, *haMeschiach* zu sein«, berichtete Simon, »worauf die Leute versucht haben, ihn einen Felsen hinunterzustürzen. Wenn das so weitergeht, bringen sie ihn noch um! Aber auf dich, *Ima,* wird er hören. Wenn *du* ihn nicht zur Vernunft bringen kannst, wer dann?«

Aber er hatte nicht auf sie gehört. Als seine Jünger ihm gemeldet hatten, dass seine Mutter und seine Brüder draußen standen und ihn sprechen wollten, hatte er geantwortet: »Wer ist meine Mutter und wer sind meine Brüder?« Und er hatte sich zu der Menge gedreht und gesagt: »Meine Mutter und meine Brüder sind die, die das Wort Gottes hören und befolgen.«

Ihre Söhne waren wütend gewesen, dass ihr älterer Bruder sie so abgewiesen hatte, aber Maria glaubte, zu verstehen, was er meinte. Er war dabei, sich von den irdischen Bindungen loszumachen und sich an seinen himmlischen Vater zu binden. Wie hatte er ihr und Josef noch gesagt, als er zwölf Jahre alt war: »Wusstet ihr denn nicht, dass ich im Haus meines Vaters sein muss?« Jetzt war es so weit ...

Aber Maria hatte Angst um ihn. Er hatte den Zorn der jüdischen Oberen geweckt, als er sie mit Giftschlangen und weiß getünchten Gräbern verglichen hatte. Sie hatte gehört, dass die Pharisäer allen Ernstes überlegten, wie sie ihn beiseiteschaffen konnten. Sie seufzte tief. Sie wusste, dass sie nichts machen konnte, um dieses Kind ihres Herzens zu beschützen. Sein Auftrag, mit dem er in diese Welt gekommen war, musste erfüllt werden. Alles, was sie tun konnte, war, sich in den Willen *Jahwes* zu ergeben, wie immer, und zu warten, was geschehen würde.

Gott hat Daniel vor den Löwen bewahrt und Schadrach, Meschach und Abed-Nego vor dem Feuerofen. Bestimmt wird er seinen eigenen Sohn vor den Sadduzäern und Pharisäern und vor diesen unberechenbaren Menschenmengen beschützen ...

Sie wusste: Was kommen würde, würde nicht einfach sein. Hatte der greise Simeon sie nicht gewarnt, damals, als sie den kleinen Jesus in den Tempel gebracht hatten, um das vorgeschriebene Reinigungsopfer darzubringen? »Dieses Kind ist dazu bestimmt, viele in Israel fallen und aufstehen zu lassen«, hatte er prophezeit. »Es wird ein Zeichen sein, dem viele widersprechen werden, sodass die innersten Gedanken der Herzen ans Licht kommen. Und auch durch deine Seele wird ein Schwert dringen.« Sie hatte versucht, nicht über diese Worte nachzudenken, aber sie hatten sich ihr eingebrannt wie Buchstaben, die in einen Stein gemeißelt waren. Sie konnte sie nicht vergessen ...

»*Ima,* komm schnell!« Jakobus kam auf sie zugerannt. »Wir müssen sofort nach Jerusalem. Sie haben Jesus gefangen genommen und bringen ihn vor den Hohen Rat.«

Maria stöhnte auf. *Jetzt fängt es also an,* dachte sie. Der Gedanke schnürte ihr das Herz zusammen.

~

Maria saß auf einer Bank in den Gärten hinter dem Haus des Johannes. Ihre Hände waren in ihrem Schoß gefaltet. Johannes und die Seinen hatten versucht, sie zu trösten, aber ihre lieben Worte waren nicht zu ihr durchgedrungen. Immer wieder hörte sie ihn, den Schrei ihres Sohnes am Kreuz: »*Eli, Eli, lama asabtani?*« (»Mein Gott, mein Gott, warum hast du mich verlassen?«). Und danach, mitten im Todeskampf, hatte er wieder zu Gott geschrien und ihn gebeten, seinen Peinigern zu vergeben.

»Maria, du musst etwas essen.« Johannes kam, in seinen Händen eine dampfende Schüssel. Sie schaute in sie hinein und spürte, wie ihr übel werden wollte. *Warum?*, wollte sie schreien. *Essen muss man doch nur, wenn man weiterleben will.*

Johannes beugte sich näher. »Mutter, weißt du nicht, was in den Psalmen steht? ›Die Nacht ist noch voll Weinen, doch mit dem Morgen kommt die Freude.‹«

Sie starrte ihn leer an. *Freude?* Sie würde sich nie mehr freuen.

Johannes tätschelte ihre Schulter, stellte die Schüssel auf die Bank neben ihr und ging mit hängenden Schultern zurück ins Haus.

Sie wusste, dass sie dankbarer sein sollte für die Liebe, die Johannes und seine Familie ihr erwiesen hatten, seit Jesus ihnen vom Kreuz aus zugerufen hatte: »Johannes, das ist deine Mutter – Mutter, dies ist dein Sohn.« Noch in seiner letzten Stunde hatte er an sie gedacht und seinen besten Freund gebeten, sich um sie zu kümmern, als ob sie *seine* Mutter wäre.

So hatte sie sich zu ihm gehalten, nachdem sie den Leichnam in das geliehene Grab gelegt hatten. Sie war ihm gehorsam in sein Haus gefolgt, als es draußen dunkel wurde, hatte an den bitter schmeckenden Getränken genippt, die sie ihr reichten, und war schließlich für ein paar Stunden in einen Erschöpfungsschlaf gefallen.

Als sie aufwachte, war ihr als Erstes, als ob sie es wieder vor sich sah, das arme, liebe, entstellte Gesicht, dessen Augen sie mit solch einer Liebe anschauten. Sie schloss die Augen, aber das Bild wollte nicht weggehen.

»O, *Jahwe*«, rief sie innerlich. »Wie kostbar ist er gewesen, wie hab ich ihn geliebt!«

Sie empfand keine Bitterkeit gegenüber Gott. Sie war einfach zerrissen und zerschlagen – nicht am Leib, wie Jesus, sondern in ihrer Seele. Hätte sie damals schon, in den Jahren seiner Jugend, gewusst, wie sein Leben enden würde, sie hätte es nicht ausgehalten. *Jahwe* war gnädig gewesen, dass er es ihr verborgen hatte.

»Ich verstehe es immer noch nicht, *Adonai*«, flüsterte sie, »aber ich weiß, ich muss deinen Willen annehmen, so wie er es tat.« Mehr als ein Mal hatte sie gehört, wie Jesus gebetet hatte: »Nicht mein Wille, sondern deiner geschehe.«

»Maria! Maria! Komm, schnell!« Johannes' Stimme riss sie aus ihren Gedanken. Er kam herbeigerannt. »Er ist auferstanden! Er ist auferstanden, so, wie er es immer gesagt hat, wir hatten ihn nur nicht verstanden!«

Die unglaublichen Worte brachen durch den Schmerznebel in Marias Kopf. Sie stand umständlich auf. Sie schaute in Johannes' Augen, mit Hoffnung, die vom Zweifel überschattet war.

Johannes nahm ihre Hände in die seinen. »Maria! Der Stein vor dem Grab ist weggerollt, ich habe das leere Grab mit eigenen Augen gesehen! Ich habe die abgelegten Grabtücher berührt! Er ist auferstanden! Komm mit und schau dir's an! Er ist nicht mehr da!«

Was sagte der da? Die Worte drangen in ihr Bewusstsein, wurden groß. Dann kam die Freude. *O,* Jahwe, *vergib mir. Ich habe dir mein ganzes Leben lang vertraut, aber in den letzten Stunden bin ich vor lauter Verzweiflung blind für deine Wahrheit gewesen.*

»Es ist vollbracht!«, hatte er ausgerufen in dem Augenblick, bevor er starb. Sie hatte gedacht, dass er seinen Tod meinte, aber jetzt wusste sie es besser: Er hatte den Auftrag gemeint, den zu erfüllen er auf die Erde gesandt worden war. *Der Preis ist bezahlt. Diese furchtbaren Stunden an diesem barbarischen Kreuz und all das, was davor war, sein armer zerschundener Körper und sein vergossenes Blut – das war es also, was nötig war, um das Volk aus seinen Sünden zu erlösen.* Er hatte versucht, es ihr klarzumachen, aber wie Johannes hatte auch sie es nicht begriffen. Bis jetzt.

Wie hatte er noch gesagt? »Wenn das Weizenkorn nicht in die Erde fällt und stirbt, bleibt es allein, aber wenn es stirbt, bringt es viel Frucht.« Er hatte gewusst, dass *er* dieses Weizenkorn werden sollte, das starb und zu neuem Leben erstand und damit allen, die an ihn glaubten, ebenfalls dieses Leben gab.

»Natürlich ist er auferstanden«, sagte sie mit neuer Zuversicht, während sie den Arm nahm, den Johannes ihr hinhielt. »Siehst du es nicht, Johannes?« Sie lächelte zu ihm hoch. »Er hat nicht nur sein Volk aus seinen Sünden erlöst, er hat auch den Tod besiegt.«

~

In 1. Petrus 3,18 lesen wir: »Auch Christus hat gelitten, als er ein für alle Mal für unsere Sünden starb. Er hat nie gesündigt, aber er starb für die Sünder, um uns zu Gott zurückzubringen. Sein Körper starb, doch er wurde wieder zum Leben erweckt und lebt nun im Geist.« Es war die Auferstehung, die die Bedeutung der Kreuzigung veränderte, die aus dem grausamen Tod eines Unschuldigen den ewigen Triumph über die Sünde und den Tod machte. Als Jesus aus dem Grab herauskam, wusste selbst der Satan, dass das Spiel aus war. »Alle Kinder dürfen heim« – alle, die glauben.

Sie, ich und Johannes der Täufer

Johannes der Täufer wartete im Gefängnis auf seine Hinrichtung. Man kann ohne Übertreibung sagen, dass seine Situation verzweifelt war. Der Zweifel begann an ihm zu nagen. Er erinnerte sich an die Taube, die sich auf die Schulter von Jesus gesetzt hatte, und an die Stimme vom Himmel, die sagte: »Dies ist mein geliebter Sohn.« Aber wenn sein Vetter wirklich der Messias war, warum bewahrte er ihn dann nicht vor Gefängnis und Tod?

Er schickte zwei seiner Jünger zu Jesus, um ihn zu fragen: »Bist du wirklich der, der kommen soll, oder sollen wir auf einen anderen warten?« (Lukas 7,19).

Jesus schickte sie zurück mit der Antwort: »Blinde sehen, Gelähmte gehen, Aussätzige werden geheilt, Taube hören, Tote werden auferweckt und den Armen wird die gute Botschaft verkündet« (Lukas 7,22).

Diese Antwort genügte Johannes. Der Messias war tatsächlich gekommen. Johannes saß immer noch im Gefängnis, aber jetzt wusste er: Egal, wie verzweifelt seine Situation war, Gott hatte sie unter Kontrolle.

Er hat sie auch heute unter Kontrolle. Trotz aller Medien- und Politikerhysterie: Keine Klimakatastrophe wird uns verbrennen. Es wird auch kein Meteor die Erde auslöschen. Und solange die Erde besteht, werden Saat und Ernte nicht aufhören (1. Mose 8,22).

Wenn Sie nicht ein noch aus wissen ...

Vielleicht ist Ihr Problem ganz anders als in den Beispielen, die wir uns in diesem Buch angeschaut haben. Aber was Ihre Not auch ist, vergessen Sie nicht: Gott liebt sie. Er kennt Sie mit Namen. Er kannte Sie schon, als Sie im Leib Ihrer Mutter entstanden. Er sah sie, als Sie den ersten Milchzahn bekamen und als Sie ihn wieder verloren. Er war dabei, als Sie aufwuchsen, ob Ihr Elternhaus nun liebevoll war oder ob Sie vernachlässigt und missbraucht wurden.

Spätestens jetzt sagen Sie sicher: »Wenn er mich so liebt, warum lässt er es dann zu, dass es mir so elend geht?«

Ja, warum widerfährt guten Menschen Böses? Warum ist Julia stark und gesund, während Ingrid chronische Herzrhythmusstörungen hat und Gabriele multiple Sklerose? Warum hat Miriam einen Mann, der sie verwöhnt, und Karin einen, der sie schlägt? Warum ist Peter in eine Familie hineingeboren worden, die ihn gut versorgt und mit Liebe umgeben hat, während Stefan eine Mutter erwischt hat, die ihm kaum genug zu essen gibt, und Karin einen Vater, der sie sexuell missbraucht?

Warum müssen Unschuldige leiden? Warum lässt Gott diese schrecklichen Dinge in Ihrem Leben zu? Warum stecken Sie immer noch in Ihrer verzweifelten Situation?

Wir können nicht alle diese Fragen beantworten. Wir wissen lediglich, dass das Leben voller Probleme und Nöte ist und dass wir einige dieser Probleme durch eigene Schuld und falsche Entscheidungen verursacht haben, während andere scheinbar ohne jeden Grund vom Himmel herabfallen.

Jesus war der Mensch gewordene Sohn Gottes und der einzige Mensch, der je ein Leben ohne jede Sünde führte. Aber er wurde abgelehnt und verachtet, missverstanden, ungerecht behandelt, ja für verrückt oder besessen erklärt. Die Menschen haben ihn verspottet, angespuckt, geschlagen und gekreuzigt. Wenn einer sich mit Leiden auskennt, dann Jesus. Eins ist ganz sicher: Egal wie verzweifelt unsere Situation ist, Jesus kann sie verstehen und Jesus kann *uns* verstehen.

Gott ist nicht der Urheber des Bösen. Er lässt es wohl manchmal zu, dass (wie bei Hiob) Dinge in unserem Leben geschehen, die wir erst dann verstehen werden, wenn wir einst das *ganze* Bild aus *seiner* Perspektive sehen. Aber ich habe es gelernt, dass alles, was er in meinem Leben zulässt, seinen Sinn hat. Oft hat es sogar einen mehrfachen Sinn, und Gottes Ziel dabei ist immer (ob mir dies nun gefällt oder nicht), mich zu läutern und zu einem Menschen zu machen, mit dem er in der Ewigkeit Gemeinschaft haben kann.

Wenn Sie nur Friede, Freude, Eierkuchen erwarten ...

Vielleicht denken Sie: *Ich habe aber doch Gottes Erlösung angenommen und Jesus zum Herrn meines Lebens gemacht. Jetzt leitet der Heilige Geist alle meine Schritte und es kann mir nichts Böses mehr passieren.*

Falsch. Ich habe seit meiner Bekehrung zu Jesus Christus viel *mehr* Probleme und Sorgen und Angriffe des Satans erlebt als vorher.

Wie das zusammenhängt? Dem Teufel ist es egal, wie viel »Religion« wir haben. Er lacht über unsere fromme Geschäftigkeit. Es ist ihm gerade recht, wenn wir die Besucher eines Gottesdienstes oder einer Bibelstunde mit abgedroschenen Phrasen langweilen, die nichts mit unserem realen Alltag zu tun haben. Es ist ihm egal, wie oft wir eine Kirchenbank drücken oder auf wie vielen Adventsbasaren wir schon gewesen sind.

Aber er bekommt einen Riesenschrecken, wenn jemand begreift, was in Johannes 3,16 gemeint ist, wenn jemand erkennt, wie sehr Gott die Welt geliebt hat, ja nicht nur die Welt, sondern jeden von uns, ganz persönlich. Der Satan zieht alle Register, um zu verhindern, dass wir eine persönliche Beziehung zu Jesus Christus bekommen.

Wenn Sie Gottes Hilfe erwarten …

Wird Gott Sie aus der Klemme, in der Sie gerade stecken, herausholen? Vielleicht. Vielleicht aber auch nicht. Sie dürfen sich jedoch sicher sein, dass er mit Ihnen durch sie hindurchgehen und das, was der Teufel böse gemeint hat, irgendwie zum Guten wenden wird. Wie Paulus in Römer 8,28 schreibt: »Und wir wissen, dass für die, die Gott lieben und nach seinem Willen zu ihm gehören, alles zum Guten führt.«

Dies ist eine jener unverbrüchlichen »Wenn du das und das tust, dann werde ich so handeln«-Zusagen in der Bibel. Wenn ich Gott liebe, dann wird er für mich da sein. Wenn Sie ihn zum Zentrum Ihres Lebens machen, wird er Sie durch die Not, in der Sie gerade stecken, hindurchbringen – und durch die nächste, und die übernächste. Warum? Weil er uns so sehr liebt, dass er für uns gestorben ist.

Fragen zum Nachdenken

In diesem Buch haben wir zehn Frauengestalten aus der Bibel und die schwierigen oder verzweifelten Situationen, in denen sie sich befanden, unter die Lupe genommen und uns gleichzeitig Frauen aus unserer Zeit angesehen, die ähnliche Probleme hatten oder haben. Dieses Buch versucht zu zeigen, wie Gott den Hilfeschrei einer verzweifelten Frau hört und beantwortet und Lösungen für ihre Probleme schenkt, wenn sie ihn nur lässt. Die folgenden vertiefenden Fragen zu jedem Kapitel eignen sich sowohl für das persönliche Studium als auch für das gemeinsame Gespräch in Hausbibelkreisen und anderen Gruppen.

Kapitel 1: Batseba

In diesem Kapitel haben wir uns bei Batseba und Justine im Zweifelsfalle für die Angeklagte entschieden und sind davon ausgegangen, dass sie nicht mutwillig sündigten, sondern eben zur falschen Zeit am falschen Ort waren.

1. Was für unkluge Entscheidungen trafen Batseba und Justine, die zu dem Unglück, in das sie stürzten, beitrugen?
2. Was hätten sie tun können, um diesem Unglück vorzubeugen?
3. Wie kann jemand, der wegen falscher Entscheidungen in seinem Leben von Schuldgefühlen geplagt wird, inneren Frieden finden?
4. Warum fällt es uns schwerer, uns selbst zu vergeben, als einem anderen Menschen zu vergeben?
5. Nehmen wir an, eine Frau kommt zu Ihnen und beichtet, dass sie von ihrem Chef ein Kind erwartet. Der Chef ist verheiratet und hatte Ihre Freundin vor die Wahl gestellt, entweder

mit ihm ins Bett zu gehen oder ihre Arbeitsstelle, die sie dringend braucht, zu verlieren. Wie reagieren Sie? Wenden Sie sich enttäuscht und empört von dieser Freundin ab? Oder versuchen Sie, ihr zu helfen? Wenn ja, wie würden Sie ihr helfen?

Kapitel 2: Die Mutter des verlorenen Sohnes

In dieser erfundenen Geschichte der Mutter des biblischen verlorenen Sohnes geht es darum, nicht aufzugeben und nicht die Hoffnung zu verlieren bei unseren Bemühungen, unsere Lieben zu Christus zu führen.

1. Nehmen wir an, Sie haben, wie Tikva oder Joanne und ich, ein Kind, auf dessen Lebensweg Sie die »Kieselsteine« des Wortes Gottes gestreut haben. Sie haben es dazu angehalten, eine lebendige Beziehung zu seinem Schöpfer durch das Opfer seines Sohnes Jesus zu suchen. Was können Sie noch tun?
2. Es kann auch sein, dass der Mensch, um dessen Seelenheil Ihnen so bange ist, nicht Ihr Kind ist, sondern eines Ihrer Geschwister, eine liebe Tante, Großvater, Vetter, Kusine oder Freund. Ihnen haben Sie in ihrer Kindheit keine Spur aus den besagten Kieselsteinen legen können. Sie haben erst später versuchen können, ihnen Christus zu bringen, aber Sie scheinen einfach nicht zu ihnen durchzudringen. Was können Sie noch tun?
3. Warum ist es so schwierig, unsere Lieben und Freunde zu Gott zu führen?
4. An welchem Punkt geben wir es auf und überlassen sie ihrem Schicksal? Was haben Sie in diesem Kapitel über Beharrlichkeit gelernt?
5. Wenn wir unsere Bemühungen um das Seelenheil eines unserer Lieben aufgeben, können wir dann von Gott erwarten, dass er diesen Menschen nicht aufgibt?

Kapitel 3: Gomer

In unserer Studie der drei spaßsüchtigen Egoisten Gomer, Loretta und Peter Hase ging es darum, dass ein Mensch sich bewusst für ein Leben in der Sünde und gegen ein Leben mit Gott entscheidet.

1. Was für Unterschiede sehen Sie zwischen dem Hineinschlittern in Sünde, wie wir es bei Batseba finden, und dem vorsätzlichen Sündigen bei Gomer?
2. Wie vergleichen sich Batseba und Gomer mit der nach Selbstverwirklichung süchtigen Loretta, die Gott grundsätzlich anerkennt, aber ihm keinen Raum in ihrem Leben gibt?
3. Gibt es zwischen diesen drei Frauen Unterschiede in der Macht der Sünde, die sie von Gott trennt? Braucht die eine eher Erlösung als die andere?
4. Ist ein Mensch, den Sie kennen, gerade in Gefahr, in eine dieser drei Kategorien – sündigen, ohne es zu wollen; mit voller Absicht sündigen; aus Gleichgültigkeit sündigen – hineinzufallen? Was können Sie tun, um dies zu verhindern?
5. Schauen Sie sich Ihr eigenes Leben an. Wie viel von Batseba, Gomer oder Loretta finden Sie in ihm? Was sollten Sie unternehmen, um das zu ändern?

Kapitel 4: Hanna

Hanna und Megan zeigten uns, dass man zu seinem Wort stehen muss, auch wenn es wehtut.

1. Was würden Sie tun, wenn Sie in einer ähnlichen Situation wären wie Hanna oder Megan? Könnten Sie es ertragen, sich ständig zu fragen, wo Ihr Kind jetzt ist, ob es ihm gut geht und ob es glücklich ist?
2. Haben Sie schon einmal ein unüberlegtes Versprechen abgelegt

und anschließend festgestellt, dass es ihnen furchtbar wehtun würde, es zu halten? Was haben Sie getan?
3. Haben Sie schon einmal ein Versprechen abgelegt, das Sie aus irgendeinem Grund nicht halten konnten? Wie fühlten Sie sich dabei? Was würden Sie heute anders machen, wenn Sie noch einmal in die gleiche Situation kämen?
4. Haben Sie Frieden mit Ihrer Entscheidung bekommen? Haben Sie, falls nötig, Gott um Vergebung gebeten und ist es wieder gut zwischen ihm und Ihnen?
5. Haben Sie sich selbst vergeben?

Kapitel 5: Rebekka

In diesem Kapitel haben wir untersucht, was für Folgen es hatte, dass Rebekka bzw. Macbeth selbst ihres Glückes Schmied werden wollten. Bei beiden ging es darum, dass sie eigenmächtig versuchten, der Erfüllung einer Verheißung nachzuhelfen, ohne Gott zu fragen.

1. Warum warteten Rebekka und Macbeth nicht darauf, dass Gott selbst die Verheißung erfüllte?
2. Was hat Macbeth sein rücksichtsloses Vorgehen gekostet?
3. Was hat Rebekka ihr Ränkespiel gekostet?
4. Gibt es in Ihrem Leben etwas, das Sie unbedingt haben wollen? Was werden Sie tun, wenn Gott »Nein« sagt?
5. Sind Sie vielleicht schon dabei, Gott zu »überholen« und die Erfüllung Ihres Wunsches in die eigene Hand zu nehmen? Was für Korrekturen erwartet Gott von Ihnen?

Kapitel 6: Abigajil

Manchmal werden wir, wie Abigajil und Ellen, gezwungen, Rollen auszufüllen und Pflichten zu übernehmen, die Gott für uns Frauen eigentlich nicht vorgesehen hat. Wenn die Männer in unserem

Leben diese Dinge nicht übernehmen wollen oder können, müssen wir oft in die Bresche springen und dafür sorgen, dass das Nötige getan wird.

1. Müssen auch Sie die Rolle des Hauptes der Familie übernehmen? Macht Sie das verbittert? Passiert es Ihnen, dass Sie sich im Gespräch mit anderen über Ihren Mann, der Sie so enttäuscht, beschweren? Was können Sie tun, um zu einer Einstellung zu finden, die mit dem Wort Gottes in Einklang steht?
2. Falls Sie alleinstehend sind (also verwitwet, geschieden oder überhaupt nie verheiratet gewesen) und folglich gar keine andere Wahl haben, als Ihrem Haushalt selbst vorzustehen: Hat dieses Kapitel Ihnen gezeigt, dass eine Heirat einer Frau nicht immer einen Mann bringt, der seine gottgewollte Rolle als Haupt des Hauses und der Familie akzeptiert? Inwiefern vermindert das Wissen darum, dass es viele verheiratete Frauen gibt, die sich mit der gleichen Rolle herumschlagen wie Sie als Alleinstehende, Ihr Gefühl, dass das Leben ungerecht zu Ihnen ist?
3. Wie können Sie die Last dieser Rolle, die Sie sich nicht selbst ausgesucht haben, tragen, ohne sich aufzureiben oder zu verzweifeln?
4. Wenn Ihr Mann seiner Rolle als geistliches Oberhaupt der Familie gerecht wird, zeigen Sie ihm dann, dass Sie das zu schätzen wissen? Oder machen Sie ihm diese Rolle streitig? Was muss sich hier vielleicht bei Ihnen ändern?
5. Schauen Sie sich Ihre Einstellung und Ihr Verhalten in der Rolle des Hauptes der Familie kritisch an. Stehen Sie in Übereinstimmung mit dem Wort Gottes? Was sollten Sie anders machen?

Kapitel 7: Hiobs Frau

Am Beispiel von Frau Hiob, Laura und Darrell sahen wir, dass es manchmal keine Erklärung dafür gibt, warum Gott gewisse Dinge in unserem Leben verursacht oder zulässt.

1. Glauben Sie, dass Gott den Menschen Krankheiten, finanziellen Ruin oder andere unangenehme Dinge als Strafe für ihre Sünden schickt? Warum bzw. warum nicht?
2. Mussten Sie schon einmal einen lieben Menschen an Gottes Willen abgeben, obwohl Sie inbrünstig um seine Heilung gebetet hatten? Wie haben Sie sich dabei gefühlt?
3. Haben Sie schon einmal, ohne dass Sie sich irgendeiner Schuld bewusst gewesen wären, eine andere persönliche Katastrophe als den Tod eines lieben Menschen erlebt, die Sie bitter und deprimiert machte?
4. Wie können Sie jemanden, der fragt, warum ihm so viel Böses widerfährt, trösten, wenn es bei den letzten Gelegenheiten, als Sie für ihn beteten, keine Antwort gab oder die Antwort ein glattes »Nein« war?
5. Sind Sie, wie Hiob, an den Punkt gekommen, an dem Sie das Recht des Schöpfers, mit seiner Schöpfung nach seinem Belieben zu verfahren, anerkennen? Haben Sie den Punkt erreicht, an dem Sie sich in Gottes Allmacht ergeben und sagen: »Was auch geschieht, ich weiß, dass mein Erlöser lebt«? Wenn nein, wie können Sie mit Ihren gegenwärtigen Gefühlen fertigwerden und zu einer neuen Beziehung zu Gott finden?

Kapitel 8: Die Frau des Gastwirts

In diesem Kapitel haben wir die von mir erfundene Debora und ihr modernes Gegenstück, Alice, kennengelernt und den Wunsch jeder Frau, beachtet und wertgeschätzt zu werden. Wie der Samthase, möchten wir alle so gerne *echt* sein. Wir möchten wissen, dass wir jemandem wichtig sind – wichtig nicht wegen dessen, was wir ihm »bringen«, sondern darum, wer wir sind.

1. Haben Sie den Eindruck, dass es niemand merken würde, wenn es Sie plötzlich nicht mehr gäbe?
2. Suchen Sie Ihre Identität in dem Wert, den andere Menschen Ihnen beimessen? Wie viel von Ihrer Selbstachtung beruht darauf, wie andere Sie sehen?
3. Was bedeutet das Wissen darum, dass Jesus Sie so geliebt hat, dass er für Sie starb, für Ihre Selbstachtung?
4. Machen Sie eine Liste der Dinge, die Sie gerne ausprobieren würden – eine neue Arbeit oder Hobby, eine andere Frisur oder Kleidung, eine neue Beziehung. Was können Sie tun, um den Mut zu bekommen, diese Dinge tatsächlich in Angriff zu nehmen?
5. Unterteilen Sie ein Blatt Papier in zwei Spalten und notieren Sie in der linken Spalte Ihre Schwächen und Fehler und in der rechten Spalte Ihre Stärken und Qualitäten. Was können Sie tun, um die Dinge in der linken Spalte loszuwerden oder zu verbessern? Was können Sie unternehmen, um die Dinge in der rechten Spalte besser zu nutzen?

Kapitel 9: Lydia

In diesem Kapitel sahen wir, wie Gott sich um Witwen wie Lydia und Grace kümmert.

1. Was meinen Sie, warum die Bibel es so betont, dass Witwen und Waisen einen besonderen Platz in Gottes Herzen haben?
2. Sind Sie selbst Witwe oder kennen Sie eine Witwe in Ihrem Freundeskreis? Wie sind bei Ihnen bzw. bei Ihrer Freundin seit Beginn der Witwenschaft die verschiedenen finanziellen

und sonstigen materiellen Bedürfnisse erfüllt worden? Was für Dinge können Sie sich nur als ein direktes Eingreifen Gottes erklären?

3. Haben Sie sich an Gott gewendet, wenn die einsamen Nächte nicht enden wollten oder das Haus so leer war? Falls nein, warum nicht?
4. Haben Sie, wie Grace, die Erfahrung gemacht, dass die Beschäftigung mit den Problemen anderer Menschen die Gedanken von den eigenen Nöten ablenkt? Nennen Sie Beispiele.
5. Falls Sie noch keine Witwe sind: Wie können Sie sich (ohne deswegen makaber oder fatalistisch zu werden) darauf vorbereiten, dass Sie eines Tages vielleicht allein leben müssen?

Kapitel 10: Maria

Wir haben Maria als menschliche Mutter betrachtet, die ihr ganz besonderes Kind von ganzem Herzen liebte. Wir haben uns mit ihr über ihren göttlichen Sohn gefreut und versucht, die Tiefen ihres Schmerzes zu ergründen, als sie sein ungeheures Leiden miterleben musste.

1. Können Sie sich an eine Gelegenheit erinnern, als Sie Ihr Kind unschuldig leiden sahen – durch einen Wespenstich, Zahnweh, eine Krankheit oder einen Unfall – und ihm am liebsten zumindest einen Teil der Schmerzen abgenommen hätten?
2. Vielleicht haben Sie es auch erlebt, wie Ihr Kind (oder sonst einer Ihrer Lieben) nicht unschuldig leiden, sondern die Folgen seines falschen Handelns ausbaden musste. Wie haben Sie sich dabei gefühlt?
3. Inwieweit war Ihre Reaktion auf das Leiden Ihres Kindes ähnlich wie bei Maria, und inwiefern nicht?
4. Mussten Sie auch schon einmal, wie Donna, einen verlorenen

Sohn (oder Tochter) in den Krieg ziehen lassen oder in eine andere Gefahr, in dem Wissen, dass Ihr Kind, wenn es ums Leben käme, die Ewigkeit in der Hölle verbringen würde? Wie haben Sie reagiert? Vergleichen Sie Ihre Reaktion mit der Donnas.

5. Was haben Sie von Maria gelernt, das Ihnen helfen könnte, in Zukunft mit Ihren eigenen verzweifelten Situationen auf eine Art umzugehen, die Gott besser gefällt?

Sie, ich und Johannes der Täufer

Johannes der Täufer lernte, dass auch dann, wenn seine Welt zerbrach, Gott die Lage unter Kontrolle hatte. (Trotzdem hat diese Lage ihm buchstäblich den Kopf gekostet!)

1. Wie erklären Sie es sich, dass guten Menschen Böses widerfährt, obwohl Gott im Regiment sitzt?
2. Was meinen Sie, warum Gott so viel Schmerz und Probleme in Ihrem Leben zugelassen hat?
3. Wird Gott Ihr Problem oder Ihre Krankheit wegnehmen, die finanzielle Katastrophe abwenden oder Ihren verlorenen Sohn ändern, wenn Sie nur fest genug beten?
4. In den Evangelien hat Jesus, als er hier auf dieser Erde war, niemandem, der ihn um Hilfe bat, diese Hilfe verweigert. Wenn jetzt, wo er längst wieder im Himmel ist, seine Macht nicht kleiner (sondern höchstens noch größer) geworden ist und wenn Entfernung und Zeit keine Hindernisse für ihn sind, warum scheinen dann so viele unserer Gebete nur bis zur Decke zu gehen? Warum erleben wir so viele verzweifelte Situationen?
5. Wir könnten manches viel leichter ertragen, wenn Gott uns sagen würde, was für einen Sinn es hat. Warum sagt er es uns nicht?

Sie kennen das vielleicht: Man kann Gottes Handeln in unserem Leben mit einem kunstvoll gewebten Wandteppich vergleichen. Hier unten auf der Erde sehen wir nur die Rückseite dieses Teppichs, die uns wie ein sinnloser Wirrwarr aus Fäden vorkommt, aber eines Tages werden wir den Teppich von »vorne« sehen – und das wunderbare Muster erkennen. Vielleicht weiß Darrell inzwischen, warum Gott all das Leiden in seinem Leben zuließ. Vielleicht findet er, dass die Herrlichkeit, in der er im Himmel sein darf, all dieses Elend mehr als wert war. Und vielleicht geht es Hiob und Johannes dem Täufer ähnlich.

Eines Tages werden auch wir alles verstehen – das Gute, das uns in unserem Leben passiert ist, aber auch das Böse. Bis dahin dürfen wir uns an die Zusage in Römer 8,28 halten, dass für die, die Gott lieben, alles zum Guten führt. Mit anderen Worten: Gott will immer unser Bestes.